开拓青少年眼界
的天下之奇丛书

KAITUO QINGSHAONIAN YANJIE DE
TIANXIA ZHIQI CONGSHU

U0755460

世界上不可思议
的奇事

本书编写组◎编

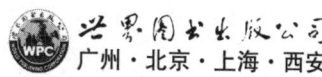

世界图书出版公司
广州·北京·上海·西安

图书在版编目（CIP）数据

世界上不可思议的奇事／《世界上不可思议的奇事
》编写组编．—广州：广东世界图书出版公司，2010.10（2024.2重印）
  ISBN 978－7－5100－2846－5

  Ⅰ．①世… Ⅱ．①世… Ⅲ．①科学知识－青少年读物
Ⅳ．①Z228.2

  中国版本图书馆 CIP 数据核字（2010）第 196635 号

书　　名	世界上不可思议的奇事	
	SHIJIESHANG BUKE SIYI DE QISHI	
编　　者	《世界上不可思议的奇事》编写组	
责任编辑	冯彦庄	
装帧设计	三棵树设计工作组	
出版发行	世界图书出版有限公司　世界图书出版广东有限公司	
地　　址	广州市海珠区新港西路大江冲 25 号	
邮　　编	510300	
电　　话	020-84452179	
网　　址	http://www.gdst.com.cn	
邮　　箱	wpc_gdst@163.com	
经　　销	新华书店	
印　　刷	唐山富达印务有限公司	
开　　本	787mm×1092mm　1/16	
印　　张	10	
字　　数	120 千字	
版　　次	2010 年 10 月第 1 版　2024 年 2 月第 12 次印刷	
国际书号	ISBN　978-7-5100-2846-5	
定　　价	48.00 元	

前言

　　人类的知识是有限的，而未知是无限的。世界充满着匪夷所思的谜题。

　　地球万物，万事万象，像是蒙了层面纱，抑或是高超的魔术师，不断地向我们展示了光怪陆离的一件件奇异事件。

　　人类前进的历史是伴随着一个又一个问号，且沿着这些问号被破译之路而不断向前延伸的。

　　今天的世界，以其日新月异的速度发展到了一个新的高峰，掌握高科技的现代人不断走向未知领域，不断向神奇与不可思议的事情进行挑战。随着人类认知的触角不断向未知延伸，许多奇怪的事情和神秘现象接二连三被人类发现，它们又继而向我们提出新的挑战。

　　对于这些历史的、未来的，那些解答完毕或者还正在质疑之中的领域，我们仍旧在不断刷新着，探索者，前进着，但疑问从未间断。

　　为了满足青少年的好奇心和求知欲，为了拓宽学生们的思维空间和想象力，故出此书。本书将详尽地为读者们介绍已解开或者未揭开的谜团，向人们解释一宗宗不可思议的奇事。

　　对于茫茫宇宙，对于大开眼界却又大惑不解的奇景，对于耳熟能详却又不能究其始末的传说……对这些未知事物的追求我们大感兴趣却又深觉茫然。对于奇事的探索，人们往往如饥似渴，致使人们往往不免陷于轻信，轻易接受一些对于神奇事物的最戏剧性的解释中，而真相到底是什么？

　　本书向读者介绍了海内外光怪陆离、千姿百态的社会万象。本书集知识性、趣味性、可读性于一体，以社会奇闻、民间传说、历史逸闻、奇俗逸事、未知奇事五个角度来阐述世间奇事。重重神奇化成神奇之事，贯穿于整个未知的世界。

　　这些充满神秘、怪异奇特的事件激发了人们种种想象和猜测。一个个奇异的人，一桩桩奇怪的事，一个个独具匠心的案件，千奇百怪的趣闻，令人费解的人间奇谜，让人惊叹的自然奇观，五光十色的大千世界，等等，古往今来，包罗万象。

　　我们也许遗憾无从所知，但最为重要的是探索未知的过程，只有不断地探索、不断地渴求，人类的社会才可以不断地进步。让我们的想象力无边不及地发展吧，让我们的所有猜想之门大开，也许在自由的遐想之中，真相就在你手中解开，创造的神灵之光会为你闪耀。

目录

社会奇闻

民间传说

➤ 社会奇闻 ◄

对于稀奇古怪的传闻无疑开启了人们的好奇探索之心。小心你手中的钞票，它可能会爆炸；善待动物吧，最凶恶的动物会成为你的朋友，最善良的动物也许会因为你的残忍而报复你……没错，听闻一些奇事，认知这个世界的怪异。

人狼相交数载记闻

美国一家杂志在 1982 年 7 月，曾报道发生在亚利桑那州索诺伊增农场里的一则趣闻：一只狼与一个名叫贝基的小姑娘交谊 12 载。

贝基 3 岁那年，在野外一个空心橡树桩里发现一只受了重伤的狼，误认为狗，对它百般爱抚。她苦求父母挽救它的生命。好心的父母只好答应了孩子，给狼医伤。小贝基每天给狼带去食物，精心护理它。4 个月后，这只小野兽终于恢复了体力。小贝基给它起了个名字，叫拉尔夫。从此，拉尔夫就整天跟着小贝基在牧场里转，和她一起玩耍。它不但不伤害人畜，还自觉地担负起牧场里的警卫任务，牧场的人们都把它看成忠实的朋友。尽管拉尔夫在牧场过得很愉快，可是一到发情季节，它就会偷偷回到山里去，几个星期后才在牧场露面。

小贝基 15 岁那年，也就是拉尔夫在牧场定居的第 13 个春季，有一天，拉尔夫又一次带着枪伤从山里回到牧场。尽管贝基和她的父母竭力抢救，这只老狼终因年老体衰死去了。小贝基伤心痛哭，大人们也感动得流下眼泪。

钞票爆炸事件

在纽约，一个少年强盗抢了一大包钞票，从银行里夺门而出，跑了没几步，只听轰的一声，钞票爆炸了。

爆炸响处,烟雾四起,彩色飞溅。不一会,这个泪眼模糊、满身彩点的少年强盗便被生擒活捉。

这是美国货币保护公司的新式武器的一次成功试验。这种新式武器是由一支微型起爆管、一个微型催泪罐和少量染料制成的。这3种东西被紧紧地缠在一起,然后放在一捆捆的钞票中间,银行的职员在每一个钱柜里都放入一捆带有新式武器的钞票。当偷盗者带着赃物出门时,门口一架早已安装好的电子机器就会射出一束束红外线来击中新式武器,20秒后,钞票会爆炸。

巨人足迹之谜

80多年前,一位名叫施托费勒·科耶吉的农场主给科学家们"出"了一道谜题。可是,80多年过去了,迄今无一人能解开此谜。

80多年前的一天,施托费勒·科耶吉在南非与斯威士兰交界处不远的德兰士瓦省韦尔德高原一个偏僻多林地带的花岗岩上,发现一个甚大的巨人左脚印——长1.2954米,宽0.696米,是目前世界上最大的巨人脚印。花岗岩上的这个脚印十分清晰,就连脚趾间留下的突起印迹都清晰可辨,它犹如一个身材高大的巨人一脚踏入软泥上经过日晒硬化后形成的。然而令人迷惑不解的是,这个巨

人足迹是清清楚楚地印在南非韦尔德高原的花岗岩峭壁上,这里通常见不到泥土。

当时,在新闻媒介中出现关于发现神秘的巨人足迹的报道,成为轰动一时的特大新闻。许多家报纸认为,有无可辩驳的证据证明,非洲从未有过"巨人种族",所以,这可能是来自宇宙的"外星巨人"留下的足迹,或许这些"外星巨人"的体温极高,以至能达到使花岗岩熔化的程度。还有的专家对此研究后认为,或许与之相反,这些"外星巨人"的体温比极地的冰温还低数倍,而在当时南非的高温条件下,花岗岩有些变软,"外星巨人"便毫无痛感地一脚踩到那块已变软的花岗岩上,从而留下这一足迹。甚至有些头脑发热的狂热研究者,置安危于度外,跑到未被开发的非洲原始大森林中去寻找那些"外星巨人"。然而,科学界对那些轰动一时的新闻持怀疑态度。由于要长途跋涉到南非的韦尔德高原那偏僻的地方去艰苦工作,所以科学家们谁也不肯浪费时间去验证一个无人相信的考古新发现。时间久了,这件事逐渐被人们忘于脑后。

有一个名叫戴维·巴利特的约翰内斯堡的新闻记者,当他在旧报纸上发现关于这一神秘的巨人足迹的报道后,便再次寻踪考察这个巨人足迹。为了把这一巨人足迹的真相查个水落石出,他不辞千辛万苦,跋山涉水来

巨人脚印 2

到他确信存在巨人足迹的韦尔德高原。功夫不负有心人！戴维·巴利特果真找到了那个留在花岗岩石上的巨人足迹。当他用尺子测量了足迹的深度后才大吃一惊：这位巨人的脚踏入花岗岩中的深度竟达 15.24 厘米！要知道，即便是在比较容易雕凿的砂岩或石灰岩上用人工凿出如此大的脚印也需耗用无法估量的巨大劳动，更何况这是很难加工的极坚硬的花岗岩。再说，留在花岗岩上的巨人脚印的一面十分光滑，边缘也非常清晰规则，丝毫没有人为加工的痕迹。据推断，这块留下巨人脚印的花岗岩从前曾一度是水平放的，后来由于地震活动出现地壳变迁，从而使这块花岗岩垂直于地面。

其实，久居斯威士兰的当地民族——斯威士人对这一远古近代留下的巨人足迹一清二楚。居住在当地一位最年长的 90 岁高龄的村民达尼埃利·德拉米尼讲述说："我在小的时候，父亲就给我讲述过关于'上帝足迹'的故事。我的父亲也是从祖辈那里听来的。据父辈讲，第一批最早的斯威士人来到这里时，花岗岩上的那个巨人足迹就早已经有了。"当地居民确信这个巨人脚印的来历具有超自然的神秘性，所以，他们把这个地方视为圣地，因而，附近地区连一个南非民族的环形村居民点也没有，除巫师外，当地的斯威士人从不擅自接近这个圣地。所以说，关于"这个巨人足迹是人工仿造品"的说法是毫无事实根据的无稽之谈，就连开普敦大学地质系教授阿尔奇·赖特也不得不承认："我对无法否认的这一巨人足迹的现实存在和当地斯威士人世代相传关于'上帝足迹'的神秘传说，无法找到合乎逻辑的解释。但有一点可以肯定：要想在最坚硬的花岗岩上雕凿出如此巨大的脚印，实际上是根本不可能的。如果这是谁开的玩笑的话，那绝非是我们地球人。"

然而，更令人百思不解的是，大小与此足迹完全等同的"上帝"的右脚足迹却神奇般地出现在离此脚印约 6 000 千米以外的斯里兰卡首都科伦坡以东 70.8 千米的亚当比克山的顶峰。这一巨人足迹之谜迄今仍困扰着科学界。

奇异色彩的小孩事件

1887 年 8 月的一天下午，西班牙庞诺斯村的居民在农田里突然看见从附近的一个洞里爬出两个孩子来：一个男孩和一个女孩。这两个孩子皮肤呈绿色，他们身上穿的衣服不知道是用什么材料做的；两个孩子讲的话，村民们一句也听不懂。人们赶紧把这个消息报告给当地的治安法官。他请求上司派专家来检查这两个孩子，以弄清真相。可是，专家们也未能弄清楚孩子究竟讲的是什么语言。至于孩子皮肤上的绿颜色，不是涂抹的，而是皮肤里的绿色素所致。这两个"绿色孩子"的面庞很像黑人，但眼睛却像亚洲人。起初，人们给两个孩子弄来了各种各样的食品，他们都不吃。后来，有人给他们送来刚刚采摘的青豆，他们很香地吃了起来。男孩由于体力太弱，很快就死掉了；而女孩则由那位治安法官收留下来，后来她那皮肤上的绿颜色慢慢地消退了，并学了一点西班牙语。每当法官问她是从哪里来的时候，她的回答总是使人莫名其妙。她说她来的那个地方没有阳光，始终是一片漆黑，但与之相邻的却是一个始终光明的世界。这个孩子在法官家里生活了 5 年，后来也死去了。至今，"绿色孩子"的谜仍没人弄清楚。

1952 年 9 月，美国弗吉尼亚地区一个小村庄的一群孩子发现一个怪物从村后面的树林里走出来，它很像一个鲜红的大球。孩子们报告了当地的宪兵队，宪兵队派人同孩子们一道到树林里去搜查，果然找到了那个怪物。它身高约 4 米，身体与人体相似；它穿的衣服像是用橡胶一类材料做的；它头上还戴着防护帽子，面孔呈红色，两只大眼睛呈橘黄色；从它身上散发出一股难闻的气味，这个怪物像是在地面上移动，而不是在走动。孩子们见此情景，吓得四处逃窜，连宪兵带去的狗也吓得跑开了。他们跑回去用电话报告了县长，等县长再派人到那森林里寻找时，已经找不到"怪物"了。但那股难闻的气味仍未消散，并且还留下了一些难以解释的痕迹：好像有什么东西在空气中移动似的。

1963 年 7 月 23 日凌晨 1 点，美国俄勒冈州有 3 个人同乘一辆小汽车，行驶在公路上。突然，汽车前面出现了一个像人一样的庞然大物，它高 4 米，灰色的头发，绿色的眼睛，正在漫不经心地横穿马路。几天以后，还是在俄勒冈州，一对夫妇正在刘易斯河边钓鱼，突然，他们看见河对岸一个像人一样的东西在瞧着他们。这野人还穿戴着像风帽一样的护身衣，身高也不下 4 米。这对夫妇吓得连忙逃走。同年 8 月，《俄勒冈日报》派记者前往野人出现的地区调查，拍到了许多奇怪的脚印。这些脚印长 40 厘米、宽 15 厘米，估计留下脚印的生物体重超过 200 千克。同时有人在刘易斯河附近还拍摄到了另一些脚印：两个脚印间的距离达 2 米，估计这个野人体重达 350 千克。由此可见，在刘易斯河附近发现的不只是一个"怪人"。

上述那些类似人类的生物究竟是什么呢？它们是从什么地方来的呢？目前，尚没有确凿的证据得出结论，所以只能提出各种各样的假设。

来自大象的报复

1982年春天，为拍摄一部西双版纳自然保护区珍稀动植物资源的科教片，昆明电影制片厂一行10人在当地群众的引导下，进入茫茫的原始森林。大象的雄姿是影片的最理想的角色。然而，任凭摄制组人员踏破铁鞋，1个月过去了，始终见不到野象的身影！莽莽林海无边无际，珍奇的野象究竟藏到哪里去了？

西双版纳大象

多少世代以来，勐养保护区的原始森林中生活着成群的野象，它们在这个理想的天国繁衍生息，和其他野生动物朝夕相伴，它们是西双版纳密林的天然主人。野象天性并不凶野，相反，它们一直是当地人民的友好伙伴。这里的少数民族曾保留着这样一个习惯：赶集回来，特意放几包食盐在路边，给象群吞食。为报答人类对它们的关怀，大象经常保护这一带农户的家禽家畜，不受豺狼虎豹的伤害。有一次，一位傣族老人到小勐赶集回来，进到林里，天已黄昏，迷失了方向，一只吊睛白额猛虎嗅到人的气味，追逐老人。老人一边大声呼喊："救命呀！救命呀！"一边不顾一切地奔跑。忽然，森林中传出一声宛如闷雷的吼声。老虎面前出现了一个庞然大物——一头圆瞪两眼，怒气冲冲的大象。猛虎欲与大象较量，大吼一声扑了上去。这一下激怒了大象，它扬起鼻子，将老虎拦腰卷起，然后将老虎狠狠往地上一摔，走过去又用它那4个大夯一样的脚使劲往老虎身上踏。只几下，老虎就变成了肉饼！傣族老人得救了！从此，这一带的各族群众对野生大象更是倍加爱护，决不允许任何人将它们捕猎杀伤。然而，令人心痛的是，十年动乱，大象也遭了殃。某动物园为捕捉大象，竟使2头大象丧命，5头大象受伤，拍成了喧嚣一时的影片《捕象记》。从此，大象变得与人为敌了。

1982年，国家某新闻单位的两名记者到西双版纳拍摄大象，结果被大象追赶险些丧命，摄影机和行李全丢了。前段时间，十几户盲流人员，偷偷摸摸钻进劝养保护区，大肆砍伐，放火烧荒，把茂密的原始森林开了一个又一个"天窗"。这十几户盲流人员在毁坏了的森林的残骸上搭起了窝棚，播下了种子，在国家的保护区非法垦殖。多少野生动物失去了栖息和繁殖的场所，多少珍贵的植物被烧光！世世代代居住在这里的野象回首故土洒泪而别，奔走他乡。一个朦胧的夜晚，一群大象排成半圆形的阵营，雄象在前，雌象在后，中间夹着幼象，以排山倒海之势，发出震耳欲聋的吼声。象群直冲寨子而来，那有力的鼻子将房柱一个个地拔起，沉重的脚掌把火塘踏平，锋利的象牙把墙壁戳穿、推倒。当时，大人都在野外守地，留在家里的都是些小孩、老人，一个个都受了重伤。一阵摧残之后，大象齐声地发出尖厉的吼叫，仿佛在警告这些盲流人员：快快滚蛋。这十几家盲流人员等不到收割，慌忙收拾破残物件，抬着伤员，狼狈而逃。从那以后，这个临时村寨消失了。

邮寄活人奇事

1914 年的一天，小梅的父母陪她来到美国格伦治威尔邮局，人们见小梅身上挂着吊牌，上写"送交爱达荷州路易士顿第 12 大街 1156 号交尼吉贺兹太太"的字样。父母要将小梅寄走，这弄得局长不知如何是好，赶快找出邮政法则来翻阅。法则上规定禁止邮寄活动物，却对邮寄活人只字未提。邮局只好按规定称了小梅的重量，然后在她的吊牌上贴了 53 分的邮资，并且盖邮戳，原来是邮资要比车钱便宜得多。就这样小梅被装上邮政车运走了。

火车抵达后，小梅和其他邮件被送到路易士顿邮局。通常每日较晚抵达的包裹要第二天再投送，不过，一位好心的邮局办事员，破例把这件贵重的"包裹"送到了她的外婆家。

奇异的死人获选

美中期选举期间，得克萨斯州民主党人为使约翰·威尔逊再度当选参议员，使尽各种招数。然而，令人吃惊的是这位享年 43 岁的议员在他当选前两个月就死于肺癌。只因他死时，已过了更改候选人的截止日期，民主党人就不得不把死人当活人来竞选，并希望他能获胜。只有这样，民主党人才可能在随之而来的特别选举中保住这一议席。结果是，威尔逊不负众望，居然以多数票再次当选。真是：世界之大，无奇不有。这或许就是资产阶级民主的一大奇迹吧！难怪威尔逊对手感叹不已说：过去死人投票参加选举有之，死人当选议员者却前所未闻！

培养贤妻良母的大学

日本有一所历史悠久的女子大学，它创办于 1908 年，享有相当高的声誉。最初是一所裁缝和手工艺私塾，创办人叫大妻小西，后来变成大学时就叫大妻女子大学。

这所女子大学所开设的课程，都是有关家庭事务的，如服装、食物、家庭管理等。到 1967 年，又增设文学系和儿童学，还设立研究生院。

大妻女子大学把培养贤妻良母作为办学宗旨，并重视道德教育。

丈夫分娩奇事

世上哪有男子"生"孩子的事？有。中国有，外国也有。生活在中国西南部的金齿人，"妇女产子……立起工作，产妇之夫则抱子卧床 40 日"。在埃塞俄比亚，丈夫"分娩"时，要让孩子衔自己那没有乳汁的乳头。在墨西哥，丈夫在"分娩"过程中，要装出分娩时的痛苦姿态，妻子还要在旁边不断祝贺丈夫顺产。在印度，丈夫在"分娩"过程中，要脱成赤身，像病人一样，老老实实躺在床上，认认真真地接受友人的问候和女人的拥抱；而那真正分娩的妻子，却忙得不亦乐乎，又是烧饭，又是炒菜，伺候床上的丈夫，招待来往的客人。丈夫"分娩"的时间各国长短不一，少则几天，多则几十天。

男人何必要找这种麻烦？其中自有奥妙。生子，自猿转化为人以后，都是女人的事。女人正因为拥有这一先天条件，所以远古的人类"只知其母，不知其父"。在这种社会中，男人的地位是低下的，而女人的地位很高，权力也是很大的。人们称这种社会为"母权社会"，是最恰当不过的。在我国有母权社会残余的云南纳西族，那里男不娶，女不嫁，各居母方。男女之间是一种暮合晨离的关系。晚上可以看见男子扛着被子往人家里去睡觉，清晨可以看见男子挟着被子匆匆赶回家里去劳动。今天去这家，明天去那家，朝秦暮楚，不能从一而终。孩子们不用说不知道父亲是谁，就是知道了，也是相见不相亲。他们之间生前无情，死时不悲。男人住在母亲或者姐姐家，一年到头只知道干活。家中的一切，一概由妇女做主，男人没有发言权。

上古社会，女子采集常是满载而归，男子打猎难免一无所获。男子的地位怎么高得起来呢？后来，随着社会生产力的发展，比如弓箭的使用，提高了打猎的能力，人们离开集体也能猎获大动物了。于是，男人的作用突出起来，大家庭开始解体。可是，上百万年的母权制是一股强大的习惯势力，绝不会很快消失。男人出来夺权了。丈夫"分娩"便是夺权的一种方式，是由母权向父权转化的长链中的一环。在他们心目中，父亲"分娩"，孩子会承认是父亲所生；丈夫"分娩"，妻子会承认丈夫的地位和作用。因此，这种习俗从弓箭的发明开始，一直延续到铁的发明。铁的发明，意味着男子夺权的胜利，意味着"女性的具有世界历史意义的失败"。可是，长期形成的丈夫"分娩"的习俗又是一股强大的习惯势力，以致在现代社会中也还能找到这块"社会化石"。

寡妻嫁犬传闻

说来令人难以置信，一个人，竟要嫁给一条狗，可这是事实。誓言要嫁给狗的是澳大利亚妇女玛嘉烈·端贝莉，现年64岁，身体健康、无精神病史。

她为什么要嫁给狗呢？这位寡妇说："为了得到本该属于我的钱，我只好这样做。"

原来，玛嘉烈的丈夫米尔顿临终前留下遗嘱，把所遗价值400万澳元的财产赠给他的牧羊犬，而遗孀却分文没有。没有钱她将怎样度过余生？

然而，这桩"婚事"也不是一帆风顺的。出面干涉的是米尔顿的律师弗里华特。他声称要维护"遗嘱的法律尊严"，誓言要保证由那头狗控制遗产。他说，米尔顿生前就指令那头狗单独继承遗产，因为狗忠于他，而他的妻人是一个"令他烦死的女人"。

官司只好打到法庭，大笔财产由法庭冻结，待审理有结果后再作决定。

丈夫守墓逸闻

美国佛罗里达州的保罗·杜庞，自从他的妻子纽娜在1977年因癌症逝世后，11年来，无论晴天和雨天，每天都守在妻子墓旁，没有一天间断过。

这位情圣已经81岁。

在妻子死后第一、二年，保罗甚至晚上也在妻子的墓旁睡觉，但后来被女儿反对。现在，保罗到晚上，则到女儿的家中睡，但每天一早，保罗比坟场的工作人员更早到。到黄昏五时坟场关门时，保罗则是最后一个离开的。

在妻子的墓旁，保罗放了一张折椅，每天他便坐在折椅中度过，太阳太猛烈时，保罗会躲在附近树荫下，但仍然和妻子的墓相近；下雨时，保罗则竖起大伞子挡雨。有时如果身边无人，保罗还会轻声向墓中的妻子说话。

保罗和妻子的深挚爱情，乃发生在1930年的阿根廷，这对情人一见钟情。虽然两人亦有不少亲友，但最愉快的日子则是两个人单独相处的时候，所以妻子死后，保罗虽然亦喜欢和女儿孙儿生活，但最高兴的是每天守在妻子墓旁。这位罕见的丈夫，每星期还为妻子的墓换两次鲜花哩！

机器人竞选传闻

美国总统大选时，竟然有一架美国机器人准备参加总统选举，让人啼笑皆非。

这架机器人叫"莉贝卡"，它受到一个"女界企业"的支持，要参加总统竞选。

这一下可为难了联邦选举署的官员。有的说，这是"开法律的玩笑"。可是支持者却说："从美国《时代周刊》把机器人选为'1983年度风云人物'，我们就知道这不是在开玩笑。"他们正在帮"莉贝卡"草拟提名演说词，还研究机器人竞选时以什么"政党"标志为好。有一些理智的美国人对此苦笑地说："难道我们要以机器治国吗？总统是机器人，活人还干什么呢？"

70 年后的婚礼

德国男公民弗里德里赫和法国女公民埃尔恩斯彼此等待了70年之久，最后终于在法国城市斯特拉斯堡举行婚礼。

弗里德里赫已90岁，他的新婚妻子比他小6岁。1915年他俩在阿尔萨斯相识，当时弗里德里赫21岁，埃尔恩斯15岁，两人相亲相爱，各自向双亲提出结婚要求。这时正值第一次世界大战，德、法两国是交战国，双方父母断然拒绝他俩要求。两个年轻人虽结不了婚，但都立下了山盟海誓。由于种种原因，他们的婚事一拖再拖，一直拖了70年后才成婚。他们的婚事一宣布，立即成了报纸的一大新闻。在进行结婚仪式时，两位老人流出了幸福的眼泪。

男人梳辫女人剃光头奇闻

非洲的马赛族，是个游牧民族。他们分布在坦桑尼亚北部和肯尼亚南部地区，人口约15万。

马赛族人身材高大，皮肤棕黑，他们与众不同之处是男子头上梳着无数条小细辫子，女子却是剃光头。未成年的儿童一丝不挂，成年男女有时只在下身拉一块兽皮遮丑。男子12岁、女子9岁时一律要穿耳洞，拉上重250克以上的皮饰耳环，坠得耳洞撕裂，又大又长。

马赛族人以吃牛羊肉为主，生血加些鲜乳是他们可口的饮料。他们居无定所，生活非常艰苦，但他们都是出色的猎手，可称得上东非最勇敢善战的部族。

剖腹盗婴奇事

美国一名狂热渴望生子的女郎达喜，因为对一名孕妇剖腹盗婴，被判终身监禁。

死者名叫辛蒂，住在新墨西哥州阿布奎基市。她在案发的当天下午 2 时左右，到一个空军基地诊疗中心作产前检查时被杀害。

下午 3 时 15 分，辛蒂女士的丈夫山姆先生到诊疗中心接太太，护士说她刚走。山姆先生找不到太太，便先去接儿子。

4 时 46 分左右，浑身是汗的达喜抱着一个用血迹斑斑的衣服裹着的婴儿到医院。她告诉医生，说她在高速公路生下小孩，自己咬断脐带，要求医生检查婴儿，但坚持不让医生检查她。

6 时 30 分，死者辛蒂女士的丈夫山姆先生向警方报告他太太失踪。当天晚上，医生们终于设法知道了达喜并没有从自己阴道产下婴儿，因为婴儿的头部非常圆，而达喜腿上的血迹并不在阴部下的位置。

达喜在主治医生检查得出的结论面前，又耍花招。她说："我花了一万美元请一个代理妈妈生下这名婴儿，为的是不让我的丈夫知道孩子不是他的。生产时有助产士在场。"

但是，警方和医师分析：如果有助产士在场的话，不可能不把婴儿的脐带包扎好，所以，她的话无法令人相信。

凌晨 1 时，达喜在警方的盘问下，终于供出她杀害辛蒂、剖腹盗婴的经过。

紧接着，警方人员在杜松丛中找到了辛蒂的尸体。她的腹部如一般剖腹产的正常切线被剖开，其状惨不忍睹。

大豆"炸"沉货轮

第二次世界大战期间，一艘载满军用物资的货轮，秘密地从日本某港口出发，经上海、福州、广州，再经马六甲海峡，准备驶向泰国，最后去缅甸支援正在那里的日军。这艘船装的是从我国东北三省掠夺去的大豆。

我抗日人员打听到了此事，为了打击日本鬼子，上级指示特工人员伺机将敌船炸沉在大海之中。

特工人员巧妙地混入敌方货轮后，为了要在指定的有限的时间里炸沉敌船，他们想出了一个既不用炸药，又不放一枪去惊动日军而将敌船炸沉的办法。他们运用物理上的膨胀原理，在船底里大量灌水，放在舱底里的大豆吸收水分后，慢慢地发生膨胀（1 粒大豆的膨胀体积可以超过一般干大豆体积的 3 倍），有限的舱室终于承受不了巨大的压力，舱底一下子爆裂。

25 年后的姻缘

英国布里斯托市 38 岁的商人赖昂纳尔·特伦特利，在 1963 年他 13 岁时，将一装进字条的瓶封好，然后抛进大海里。字条上写着：我名叫赖昂纳尔，任何人发现这张字条，请依下列地址与我联系，对于您的合作先致谢意。末尾他写上了地址，但日子一天一天地过去了，也不见回音。过了 25 年，他也将这件事忘却了。

不久前，远在法国的 24 岁的女模特儿南希·杜蕾桃，一天在海边嬉水时，触到在海上漂浮的一个空瓶子，她好奇地拾起来，发现里面有张字条，上面用铅笔写的字依稀可见，她几乎不敢相信上面的日期竟是 1963 年 5 月 13 日！

这个模特儿好奇地按照字条上的地址写了一封给赖昂纳尔的信。赖昂纳尔已迁往别处，但他的父母一直住在老家，他们把南希的信转给了儿子。赖昂纳尔和南希互相通书信一段日子之后，南希邀请赖昂纳尔到法国玩，二人相见后，爱意顿增，其后约会频繁，现在二人已决定不久之后便结鸳盟。

播音员开玩笑的奇异后果

挪威贝根市一个电台的音乐节目主持人罗夫·利斯奥臣，在主持摇滚歌曲节目中，一时心血来潮，突然中断了正在播放的歌曲，用极为紧张的语气宣称：有数以百万计的可以致命的变形虫今晨从一所实验室里逃逸，目前正向贝根市侵袭。他还说，市民应马上找寻躲藏地方，如果不幸与这些微小的生物接触，便可能一命呜呼。

这突如其来的警告播出后，数以千计的听众大惊失色，果然到处躲避，有躲到衣柜里面的，有藏身地窖的，乱作一团。

其实，变形虫是一种无害的极微小的单细胞生物，生存于水、土壤及寄生虫中，随时会改变形状，只能用显微镜才能看得见。但由于电台称是致命的，因此令不少人担惊受怕，有 6 人惊恐过度跳楼自杀，另有 2 人开枪自杀。那位开玩笑以致闯大祸的播音员已被解职，当局准备以刑事罪对他进行起诉。

被飓风卷送数百里而无恙

湖南祁阳县黄泥塘镇一青年被一股奇异的飓风卷送数百里，6 日后平安返家，当地群众传为奇谈。

黄泥塘镇建新村 19 岁的青年董春石，同堂叔的儿子董天成到湘江里洗澡。两个人跳上一条渔船，洗换下来的脏衣服。一会儿，天昏地暗，河

飓 风

边猛地刮来一股暴风，董天成感觉有点冷便先走了。没过多久，风越来越猛，铜钱大的雨点砸得大地啪啪作响。风到之处，拔木倒禾，人不能走，伞不能撑。9时许，风力减弱。董母走到河边叫儿子，董春石却无踪无影。全村100多人帮助寻找，连续打捞4天，毫无结果，全家人呼天叫地痛不欲生。

黄泥塘镇办公室突然接到数百里外的郴州地区招待所的长途电话，称董春石在这里，请家里速来人。董的哥哥、姐夫立即赶到郴州。该招待所的职工介绍：两名职工在食堂的场坪上聊天，偶然刮来一阵大风，一个黑影从空中掉下来。走过去一看，只见一个只穿一条短裤的人躺在地上，满身是伤，昏迷不醒。所里派人将他送到医院抢救，经过4天的治疗才逐步恢复正常。据董春石自己回忆，当时在河边洗衣刮来一股飓风，便飘飘然失去知觉，以后什么也不知道了。当地气象工作者认为，这有可能是由于热带气旋形成的旋转飓风，把人送到130千米外的郴州。

心灵感应记闻

人人都有"第六感觉"，即心灵感应。做母亲的"第六感觉"是任何人都无法比拟、无法了解和解释的。尤其是，当她的子女发生危险时，她的这种感觉最强烈，而且有时竟能把心中的呼唤用一种神秘的人体波发射到子女的身边，为他们指出求生之路。

这里有一个典型的故事。世界上著名的逃脱专家侯蒂尼可以被关在一个上了几道锁的铁箱里，放在冰窟窿之中后神奇般地脱险，而且无人知道其奥秘。但有一条，他在水中的箱子里时，如果在几分钟内没有出来，就会发生危险。有一次表演中，几分钟过去了，观众们认为侯蒂尼的这次表演注定失败了。但他的一位好友坚信他一定会从冰窟窿中爬上来，他绝不会死去。果然，被冻得半死的侯蒂尼艰难地爬了上来。他一苏醒过来，便告诉好友：铁箱子入水后，没想到顺水而下了。等他从铁箱子中出来，却找不到原来的冰窟窿了。在危难之中，他突然听见了母亲在呼唤他，于是他顺着母亲的声音又游到了原来的冰窟窿处而脱离危险。

令人不解的是，侯蒂尼的母亲当

时住在另外一个城市里，对侯蒂尼的举动是看不见的。可是更令人不可思议的是，当侯蒂尼脱险后向母亲打电话报喜时，有人告诉他说，他的母亲已在几小时之前离开了人间。那时，侯蒂尼的表演还没开始呢！是什么原因使其母在逝世前预测到儿子的大难临头呢？又是什么原因能使一个母亲在死后为儿子引导求生之路呢？但有一点是任何一个人都无法否定的事实：母亲的爱是最伟大的，最有力的！

这个事例实际上就是母子之间的心灵感应。

在100多年之前，人类之间所蕴含的心灵感应现象就已引起了科学家的注意。

1882年，美国芝加哥大学的物理学家洛斯冒天下之大不韪，创办了一个"神灵学研究会"，专门从事一些令人难以捉摸的"荒诞"事件的研究。他的研究当时被学者们认为是蛊惑人心的巫术，而受到猛烈的围攻。

洛斯把他精心收集的一些事例，记录在《神灵学会会志》一书之中。

有一次，洛斯把两名具有心灵感应的妇女迈尔丝和兰希琼，分别安排在相隔千米之遥的两个城镇，使她们没有任何联系，然后让她们进行传感接收。迈尔丝在尉尔特市拍下一张纺织厂的外景照片并默记下来，用她的"心灵感应"把纺织厂的形象传给在苏格兰的兰希琼。

兰希琼从来没到过尉尔特，但在她接收了迈尔丝的"传感"之后说："那边有一瀑布，似人工所造，广而平，高二三米，也可能是工厂排出的污水。还有栋房屋，旁边有一棵白杨树。"随手她画出了一张草图，这张图与纺织厂外景相片相差不远，而她所说的景色，与相片中几乎完全一样。

另外还有一件事也说明人能传感。一位有传感能力的人在自己脑海中想到一本小说的一段情节：灯塔内有一个男人倒在地上，一个妇人正俯视他时，发现他已死亡。

另外一位心灵感应者在一间密室中，两个人互不相识，在密室中他接收到了前者的传感，并且说："我知道他在想什么，这是个恐怖的场面。在一个圆塔内，有一男一女，女的已看见男的死了。这是书中的情节，我曾经看过这本书。"

当时在场的10多位学者都感到惊诧。他们要再作一次尝试，以求这个测验的准确性。

传感者在默想："两个儿童在火车站台上奔跑着，欲登上将开动的火车。"不久，密室中的接收者便对学者们说："这与火车站有关，两个孩子在人群中奔跑，我想这与巴锡尔车站有关。"

完全正确！传感者正在巴锡尔，他想象中的车站确是巴锡尔车站。

人的心灵感应就如古诗中所说的"心有灵犀一点通",而这种现象在双胞胎之间显得更为强烈一些。

双胞胎间的心灵感应

现今世界上每诞生 96 个婴儿,就有一对是双胞胎;每诞生 400 个婴儿,就有一对是同卵双胞胎。同卵双胞胎儿是同一个受精卵分裂发育而成,他们有着完全相同的基因,就是说,他们按照同样的基因"图纸"发育而成。他们绝大部分是同一性别,面容酷似,爱好、成就、行为方式也十分相似。

同卵双胞胎儿之间的信息感应现象至今令人难解。美国有对叫吉娜和吉尼的同卵双生女,姐姐吉娜有一次患阑尾炎,吉尼陪着姐姐去医院动手术。姐姐被抬进了手术室,妹妹在门口等候,约过了半个小时,吉尼感到肚子仿佛被刀割破了,她疼得脸色发白。与此同时,医生们正在给吉娜动手术,她在麻醉手术台上疼得大叫。在同一个时间里,在同一个部位,手术室内外的姐妹俩有着相同的反应。研究人员指出:同卵双生子还常常在相似的时刻和相似的部位生相同的病。有一对从小分离的双生子,哥哥在城市里长大,弟弟在乡下长大。17岁的时候,哥哥的肺直尖患了结核,乡下的弟弟也同样生了此病。

那么,同卵双胞胎为什么会有感应现象呢?信息是怎样在两个大脑之间传递的呢?双胞胎的同步生病现象又是怎么发生的呢?这些都是正在探索的难题。

➤➤ 民间传说 ◄◄

> 许多事件经由民间口口相传，变得神秘离奇且怪异。因为从天文地理到人类历史，从自然现象到社会现象，从传说到身边的故事，我们还存在太多的未知。正因为这些"不确定"的故事，所以渐渐成为颇具趣味的民间谈资。

关于美人鱼的传闻

19世纪，丹麦著名童话作家安徒生在他的童话作品《海的女儿》中，描述了一个小人鱼公主凄美感人的爱情故事。从此，美丽、善良的小人鱼公主便进入了无数读者的视线。20世纪初，丹麦著名雕塑家爱德华·艾里克森为她精心塑了一座美丽的铜像，安放在首都哥本哈根市内格宁海滨公园的海堤旁。

在意大利水城威尼斯，也流传着一个关于美人鱼的传说。一艘古威尼斯商船从东方装载了满船的珍贵货物启程归国，途中遭遇风浪，一些水手见生还希望渺茫，都十分沮丧。一天夜里，皓月当空，海面异常平静。忽然，从不远处的海面钻出一个容貌迷人、风姿绰约的美人，怀中还抱着一个婴儿，恬静地给孩子喂着乳汁。水手们凝神望去，不觉思念起家乡翘首企盼的亲人，顿时归心似箭，于是齐心协力，克服旅途中艰难险阻，平安回到了故乡威尼斯。

在波兰的首都华沙维斯杜拉河畔，也有一座美人鱼雕像，她端庄、美丽，左手紧握盾牌，右手高举利剑，守护着这座英雄的城市。传说很久以前，这里只是一个小渔村，马佐维茨国王打猎迷路来到了维斯杜拉河畔，美人鱼动听的歌声吸引了国王，他在美人鱼的指引下来到河边浅滩。在这里，国王遇到了名叫华沙的渔夫，渔夫召集附近的村民为国王建造了一座新城，欣喜万分的国王将新城命名为华沙。而美人鱼也接受了波罗的海王赐予的琥珀盾和利剑，从此成为华沙的守护神。

除了这些，关于美人鱼的传说还很多，那么美人鱼到底只是童话故事中的人物，还是真的存在呢？

有史以来，不少民族中都有记载美人鱼的存在，并将它们视为"鬼怪"或"神明"的化身。1974 年，苏格兰的一位教师曾亲眼看到过美人鱼。他在报告中称，当他在海滩散步时，突然海中出现一个"美女"。当她跃出水面时，他清楚地看到她的下身是一条鱼尾。美人鱼在水中大约游了 4～5 分钟，然后消失在大海中。

1960 年，美国一位海洋生物学家发表了一篇文章，称美人鱼可能是类人猿的另一变种。他指出，婴儿在出生前是生活在母亲子宫的羊水里，因此刚一出生时可以在水中游泳。所以他推测，也许存在一种在水中生存的类人猿。

1962 年，一艘载有科学家和军事专家的探测船，在古巴外海捕获了一个会讲人语的小孩，他皮肤呈鳞状，有鳃，头像人，尾像鱼。小人鱼称，自己是来自亚特兰蒂斯市，还告诉研究人员，在几百万年前，亚特兰蒂斯大陆横跨非洲和南美，后来沉入了海底，现在留存下来的人都居于海底，寿命已达到 300 多岁。后来，小人鱼被送往黑海一处秘密研究机构里，供科学家们深入研究。

1963 年，在波多黎各东南的海底，美国海军潜艇在演习时发现了一条怪船，时速可达 280 千米，快得让人类根本无法追踪。1968 年，美国摄影师穆尼在海底附近也发现了怪物：脸像猴子，脖子比人的长 4 倍，眼睛像人，但比人眼大得多，腿部还有快速的"推进器"。

1980 年，有人在红海海岸也发现了美人鱼。美人鱼的上半身如鱼，下半身像女人的形体——与人一样长着 2 条腿和 10 个脚趾。可惜的是，它被发现时已经死了。

1991 年，科学家称发掘到了世界首具完整的美人鱼化石，证实了这种以往只在童话中出现的动物的确曾在真实世界里存在过。化石是在南斯拉夫海岸发现的，保存得很完整，可以清晰地看到这种动物拥有锋利的牙齿和强壮的双颚，足以撕肉碎骨，将猎物杀死。研究人员称，这只动物是雌性的，大概 1.2 万年前在附近海岸出现。在一次水底山泥倾泻时，它不幸被活埋，然后被周围的石灰石所保护，而慢慢转为化石。化石显示，美人鱼高 160 厘米，腰部以上像人类，头部发达，脑体积相当大，双手有利爪，眼睛跟其他鱼类一样，没有眼帘。

1991 年 8 月，美国 2 名渔民在加勒比海海域捕到 11 条鲨鱼，其中一条虎鲨长 18.3 米。当渔民解剖这条虎鲨时，在它的腹内胃里发现了一副异常奇怪的骸骨骨架，骸骨上身1/3像成人的骨骼，但从骨盆以下却是一条大鱼的骨骼。检验后发现，这是一种半人半鱼的生物。专家根据检验结果和骨骼形状，绘制出了美人鱼形状。参加这项工作的美国埃毁斯度博士说，从他们所掌握的证据来看，美人鱼并不是传说或虚构出来的生物，而是世界上确实存在的一种生物。

现在，越来越多的科学家也都像埃毁斯度博士一样，倾向于有美人鱼存在之说。有的认为，美人鱼是一种远古遗留下来的生物；有的则认为，美人鱼是来自海洋深处的文明居民。不过，这种见解也遭到了众多科学家的激烈反对。他们认为，世界上根本就没有什么美人鱼，许多人见到的只是生活在海洋中的哺乳动物海牛目的一种——儒艮。儒艮用肺呼吸，雌性也长有一对大大的乳房。雌儒艮每年都会生产一仔，哺乳时，也会用宽大的鳍将幼仔抱在胸前，上身浮出水面，半躺着喂奶。在夜晚皎洁的月光下，远远望去，犹如怀抱婴儿的美妇人一般，因此才引起人们的错觉，把它们当成美人鱼了。

可是，大多数目击者都不赞同这一观点，尤其是那些长年在深海中漂泊的水手，因为很难会把常见的儒艮当成是美女。

然而不知是什么原因，从地理大发现到现在，人类遇见美人鱼的机会越来越少了，到现在这种机遇几乎为

零。是因为这种古老的生命已经灭绝，还是目击者不愿被当作迷信分子而保持沉默？或是美人鱼已经藏匿深海，不再与人类接触？这一切，仍然像神秘的深海世界一样，笼罩着重重迷雾，有待我们逐渐解开。

"佛灯"与"鬼火"传说

千百年来，我国的庐山、峨眉山、青城山等名山，一直流传着佛灯（又名圣灯、神灯）之说，历代文人和学者也屡有记载。在青城山主峰高台山顶的上清宫旁有神灯亭，可观看对面大山出现的神灯；峨眉山看佛灯的地方在金顶睹光台；庐山看佛灯的地方在大天池的文殊台。这些地方偶遇月隐之夜，山下黑沉沉的幽岩间，会突然涌现出十到数百点荧火光。

火光时大时小，时聚时散，忽明忽暗，忽东忽西，或近或远，高者天半，低者掠地。古人把它们看成是过路的神灵或仙佛手提灯笼穿行在天地之间，这便是所谓的佛灯。据记载，"灯"的颜色有白、青、蓝、绿色等。

佛灯之谜吸引了古往今来的许多文人、学者。1961年秋天，我国著名的地理学家竺可桢，曾特地将佛灯作为庐山大自然的三大谜题之一，向庐山有关研究所提出来，希望科学工作者能认真予以研究。

在对佛灯的研究中，有人认为这

峨眉山金顶

是山下灯光的折射，有的说是星光在水里的反射，有的说是一种大萤火虫在飞舞，还有的说山中蕴藏着能发出荧光的矿石……而最普遍的解释是磷火说，认为佛灯即民间所说的"鬼火"，是山中千百年来死去的动物骨骼或含磷地层中所含的磷质，与空气中的水分发生作用，产生磷化氢和四氧化二磷气体，它们在空气中极易自燃，因为空气轻而随风飘动，故有闪烁离合的景象。由于磷化氢燃烧时光不强，所以必须是在没有月光的夜晚才能看到。

但研究者认为磷火说的漏洞也很多：一是磷火多贴着地面缓缓游动，不可能飘得很高，更不会"高者天半"或"有从云出者"；二是磷火的光很弱，庐山文殊台和青城山神灯亭的海拔皆在 1 000 米以上，峨眉金顶海拔超过 3 000 米，不可能看得那么清楚。1981 年 12 月，庐山云雾所收到研究者的来信，他对佛灯的来源提出了一个全新的看法，认为它是"天

上的星星反射在云上的一种现象"。研究者称夜间无月亮时在云上飞行，飞机下面铺天盖地的云层就像一面镜子。从上往下看，不易看到云影，只能看到云反射的无数星星。飞行员在这种情况下易产生"倒飞错觉"，就会感到天地不分，甚至会觉得是在头朝下飞行，从而联想到天黑的夜晚，若有云层飘浮在大天池文殊台下，把天上的群星反射下来，就有可能出现佛灯现象。由于半空中的云层高低不一，运移不定，所以它反射的荧荧星光也不是固定的，也许在这个角度反射这一片，在那个角度就反射另外一片，从而映出闪烁离合、变幻无穷的现象。

然而这种云反射星光的现象应该是相当普遍的，而佛灯却并非每处高山都能见到。就是在庐山、峨眉山和青城山上，也只有特定地点才会出现，可见这尚不足以定论。

必须指出的是，竺可桢当年在庐山提出的另外两个自然之谜，一是庐山云雾为何有声音，二是庐山雨为何自下向上跑。这里我们不禁要问，这种声响和雨往上跑及特定地点出现的佛光，是否也是与庐山所处的地理位置有关系呢？

无独有偶，美国新泽西州毗邻长谷镇的一条铁路线，每到夜晚往往会发现低空中突然出现一团团神秘的光球，随风摇曳，到处飘游。起先，人们不明它的成因，便疑为"鬼火"。

1976 年"鬼火"的传说引起了一些科学家的注意，他们便成立了一个名叫"迹象"的研究机构，对"鬼火"的成因进行了探索。起初，他们怀疑，可能是铁路线上的钢轨在起作用，可是钢轨拆除后，"鬼火"仍然不断出现，这就证明这与钢轨无关。后来，研究者们又把所有出现"鬼火"的地方全都标绘在地图上。这时，他们发现"鬼火"都出现在石英矿的断层带附近，显然这与石英的压电效应有一定联系。为了验证这一设想，他们使用了多种仪器来记录人工地震时可能产生的种种效应。

果然，当地震发生时，仪器记下了石英因受压而产生激变电压并伴随出现无线电波辐射。与此同时，红外摄像仪上则拍下了"鬼火"的真迹，从而证实了"鬼火"的产生确实与石英的压电效应有关。据此，他们认为，由于长谷镇附近的断层是一种活动断层，当断层发生错动时，地下的石英受到压力，产生压电电荷。电荷聚集到一定数量便会放电。若放电足够的强烈，就会使近地面的空气大量电离，温度骤升，放出熠熠群光，出现一团团直径为 5～100 厘米大小的光球。

这里，我们联想到"佛灯"与"鬼火"产生的机制很可能是相似的。那么雨往上跑和断裂带上的位移是否也与这种放电有关呢？UFO 无视地球的引力作用，也许因为这些外星人已掌握了放电、辐射与引力之间的关系？

然而，种种猜测不足以表明事实的真相，于是成就了民间口口相传的事件，直至今日。

吸美女的魔洞

人的失踪，是一件十分普通的事，但是，自动无缘无故的失踪，却令人难以置信。

这一类突然无故失踪的事件，在世界各地都有发生，不过，最奇特的一件，却发生在埃及的阿列基沙特亚。

这一宗奇特的事件，不仅被记入埃及的历史，而且，直至今天，依然有很多心灵学家到该市进行调查，希望能够找出真正的原因。

1976 年 1 月 13 日，在阿列基沙特亚市的街道上，有一对新婚夫妇正在漫步。

这对新婚夫妇，男的叫比尔，25 岁，他的妻子名叫阿菲·玛利亚，23 岁。

比尔是一个工程师，亦是该市的居民，他和玛利亚自幼就是邻居，而且一向感情都非常好。

直至 2 个月前，比尔征得玛利亚的父母同意，娶了玛利亚为妻。

两人新婚，自然感情十分好，连上班下班，玛利亚也陪伴他。

这天，又是上班的时候，玛利亚

一早就陪伴比尔上班。

两个人走至勒比·坦尼亚大道的时候，突然间，玛利亚跌进了路旁一个小洞中，一下子就失去了踪影。

那一个小洞大约 0.7 米直径，不知在什么时候出现。

惊慌万分的比尔，马上走到附近的店铺报警，大批消防人员到场，警方亦派出了警员到场。

奇怪的就是，刚才比尔所指玛利亚跌进去的小洞，根本就十分浅，只不过有半尺深，是水务局人员掘地修理之后，填回洞留下的一个小洞。

人踏下去，根本连小腿也遮不过，一个人怎么可以跌下去失踪呢？

不过，现场的消防人员、警员还是召来了水务局的工人，利用铲土机，把路面掘开，但是，掘开了整个路面，还向下掘了数米深，却一点发现也没有，玛利亚到底去了哪里呢？没有人能够说得出来。

有些人或者十分奇怪，为什么警方和消防人员如此重视这一件事，只是凭着比尔的一句说话，就把整个路面掘开呢？

原来，这次的事件已经并非第一次发生，玛利亚已经是第六个如此无缘无故失踪的人。

警方曾经成立过专案小组，对六宗事件进行过详细的调查，但是，无论怎样调查，都无法找出失踪的原因。

玛利亚失踪的事件，引起了该市居民很大的震动，他们都认为，这是有关的魔咒在发生作用，这一个咒语，已经使六个人失踪。

令警方十分奇怪的就是，所有的失踪者，都是十分漂亮的少女，而且，都是刚刚结婚的新娘。

然而，在市民中流传的咒语，是否都和新娘有关呢？

这里，必须追溯发生的这一类事件，看看其中有何相同之处。

第一宗发生的事件是在 1973 年 3 月的一个晚上。

新郎是一个职业摄影师阿高·沙德，他的妻子名叫梅丽柏。他们两个人走在波亚大道上的时候，突然间，道路上出现了一个洞，新娘梅丽柏跌下了洞中，即不见了踪影。

事后，警方亦在现场进行了发掘，发掘的时间长达一年，几乎整条马路亦被掘烂，但是，却一无所获。

新娘到底去了哪里呢？为什么会连尸体也无法找到？更惨的就是，新郎沙德受了一次刺激以后，变得精神也不大正常，医治了一年，才渐渐恢复神智。

沙德事后表示，他十分清楚地记得，路面上突然出现一个洞，而梅丽柏突然之间，像被人拉进洞穴之中，之后，就不复出现，到底是什么把她拉了下去呢？沙德亦无法说得清楚。

第 2 次的事件，发生在同年的 10 月，有一对新婚的美国夫妇，到这城游览，新娘卡文泰夫人，她在坦尼亚大道上，在众人的目睹之下，掉进了一个突然出现的洞穴中，之后，即不见踪影。事后，警方亦曾在路上发掘，但是，什么也找不到。

在第 2 年的 5 月，一个希腊籍新娘哥特尼夫人，突然在波亚大道上失踪。1975 年，两个美丽的新娘，分别在结婚几个月之后，亦都突然间在这个城市上的大道上无缘无故地失踪。

为什么会发生这样的失踪事件呢？阿列基沙特亚大学的考古学家尊哈布博士作了以下的说明。

他表示，在这个城市的地下一层，是一个古代的都市，在那里，有很多的古代的井和贮水池，所以，在突然之间，路面上出现洞穴，是并不出奇的。

不过，为什么跌下去的人在突然之间会失踪，而失踪以后，消防员挖掘开路面，却又无法找到那一些水井的踪迹呢？博士本人亦没有办法作出解释。

而在这个城市中的人，对于这一件事，却有另外的一个解释。

他们认为，这些离奇失踪事件，和古代的一个女王古丽奥特巴拉女王有着莫大的关系。

原来，古丽奥特巴拉女王，是布特拉马斯王朝最后的一个女王（她在位的时间是在公元前 51～前 30 年）。古丽奥特巴拉女王在传说中，是一个全世界最美丽的女性，她的美貌秘密，就是和乱伦有关。

据历史上的记载，古丽奥特巴拉是一个十分古怪的家族，这个家族的特点，是很多亲人互相成婚。

根据记载，在这一个家族中，祖父和祖母是兄妹，夫妇所生的，论辈分应该是兄弟。此外，结婚的夫妇中，有很多有十分亲近的血缘。

古丽奥特巴拉女王本人，更是一个十分淫乱的女性，她和自己的兄长结婚，后来，又为了保存自己的王位，不惜和丈夫离婚，甚至把他杀害，然后，再和弟弟结婚。古丽奥特巴拉女王后来又乱搞男女关系，成为历史上一个十分著名的女人。

根据现代遗传学的观点，血缘相近的人结婚，结果是产生天才或者狂人，或产生绝色美女，或者是低下畸形儿童。

奥特巴拉女王当然是其中的极端，她个人十分重视美貌，经常用牛奶洗身，又发明了新的香水调和方法。她饲养了一种十分神秘的黄金虫，这一种黄金虫在夜晚的时候，会发出奇怪的光，有一种魔力，可以长生不老。

古丽奥特巴拉女王是一个妒忌心十分厉害的人，在她在位的时候，她经常派出一杀手，杀害那些漂亮的少女，而且，把她们碎尸万段。

因此，这个城市的人都认为，神秘的失踪事件，显然与这位女王有关，是她使用魔咒，使漂亮的新婚女子失踪。

诡异旅店的奇事

1889 年巴黎举行大博览会，商人、购物者和游客云集，大部分旅店都被预订一空。

5 月间，一个英国女士带着女儿从印度经马赛到巴黎来。她们已经在巴黎最有名的一间旅店订了两个单人房。

母女两人在旅客登记簿上签了名，由人带领分别进入楼上的房间。母亲的房间是陈设豪华的 342 号：暗红色厚天鹅绒帷幔，玫瑰图案的壁纸，高背沙发，椴木椭圆形桌子和镀金时钟。

可是，年长的那位女士立刻就病倒在床了。应召前来的旅店医生检查了病况，又问了女儿一些话。接着医生和旅店经理走到一个角落里紧张地谈论了一会。女儿虽然不会说法语，却能够慢慢地听懂医生的吩咐：她母亲的病情很严重，必须用一种特别的药来治疗。这种药只有医生在巴黎男一区的诊所里才有。他自己不能离开病人，只好请女儿坐他的马车去拿。

女儿依着吩咐行事，但一切都慢得令人生气。马车慢慢地走，回来时也一样。她在诊所里又焦灼地等了好久。等到拿药回来时，4 个钟头已过去了。

她从车上跳下，跑进客厅问经理："我妈妈怎样了？"经理茫然地望着她说："小姐，你指的是谁？"她吓了一跳，忙解释她为什么耽搁了这么久。"小姐，你母亲的事我全不知情。你是一个人来的。"

少女心乱如麻，大声说："不到 6 小时之前，我们在这里登记的。你拿出登记簿来看。经理把登记簿拿出来，沿着手指所指之处看下去。少女的签名有了，但她母亲所签过名的那一格，却变了一个陌生人的名字。少女坚定地说："我们两人都签过名，我妈妈的房间是 342 号。她就在那里。请你立刻带我去看她。"

经理说那间房的住客是一家法国人，但他们还是上楼去了。342 号房间里没有人，却堆着陌生人的行李。房间里没有暗红色帷幔，没有玫瑰图案壁纸，没有高背沙发，也没有镀金时钟。

回到楼下，她碰到旅店的医生，拉住他问妈妈到底怎样了。医生否认见过她母亲，并发誓从未替她母亲看过病。

少女把事情报告英国大使，大使不相信她的话，警方和报纸也都不信。她终于回到英国，被安置在疯人院里。

这桩奇事的一项解释是：母亲在印度染了疫症。医生诊出病情后便和经理合谋把消息封锁，否则一定会使大博览会无法继续举行。但第 342 号房可以在 4 个钟头内改装吗？那个妇人的尸身又到哪里去了呢？这个谜还是没有解开。

荒谬的拍卖埃菲尔铁塔事件

公共建筑部的官员卢斯蒂希伯爵在办公室里向5位巴黎商人说，埃菲尔铁塔要拆除，因为保养费太高，保留这塔很不切实际。这座纪念塔至少有7 000吨高级铁，他特地请这5位废铁商来个别秘密投标承购。投标书很快就送到了。第二天，白手起家的富商布瓦松接到通知说他标到了。

埃菲尔铁塔

布瓦松在一星期内筹好款项，又约妥签合同的日子。不过，他觉得奇怪，这样重要的手续，为什么约定在旅馆里而不在公共建筑部里办理呢？

伯爵在旅馆房间里吩咐美籍秘书

柯林斯出来接见布瓦松，解释道："政府官员的日子可不易过。我们要应酬，要穿得时髦，薪水却微薄得可怜。每次签政府合同，主管官员照例要收。"布瓦松立刻会意：这种弦外之音，不论措辞如何婉转都显然不便在公共建筑部内提出的。布瓦松心甘情愿递过一张保付的支票，附着一个装满钞票的钱包，然后昂首大步抱着合同走了。

不到1小时，支票已兑了钱——卢斯蒂希从未透露这次有多少钱到了手——他和柯林斯坐上一列驶往维也纳的快车，两人在头等车厢里相顾而笑。

卢斯蒂希生在波希米亚，父亲是当地受人尊敬的良民，柯林斯是美国的小流氓，两人在维也纳一家一流旅馆里住了1个月，天天看巴黎报纸。但报上没有只字提到这宗骗案。

原来买主为了自己的颜面，不愿报案，以致卢斯蒂希和柯林斯可以无所顾忌，又如法炮制，把铁塔再卖一次。可是这次的受害人报了案。两人始终没有落网，只是事情一经传扬，想把铁塔卖第3次，就肯定是不可能的了。

仿古塑像赝品的案件

一尊泥塑的伊都斯干武士像有将近3米高，几乎把整间工作室塞满。

负责塑造的是3名意大利雕塑家。

塑像上了釉，涂了色，四周的支架也轻轻地移走了。至此，这3位匠人退后几步，昂头对着自己的杰作欣赏了一番，跟着合力把塑像一推，让他摔倒，故意让某些部分摔断。

他们的下一步行动更加怪异了。他们把碎块拼拢起来，结果，变成一尊裂缝与刮痕处处的伊都斯干像。纽约大都会艺术博物馆于1921年花4万美元把它买下，在当时而论，这笔数目着实惊人。

博物馆一直过了40年，方才知道上了骗徒的当。诈骗集团是一家人，是由毕奥·李加第和阿尔芳索·李加第两兄弟再加上他们6个儿子中的3个组成的。

伊都斯干是一个有高度文明的民族，居住在意大利中部，后来被罗马人征服，又被罗马人所同化。他们留下不少文物，直到今天仍时有发现，博物馆和收藏家都视为至宝。

巨像的塑造，是毕奥的长子李加第一手策划的，日后称为"大武士"的，就是这件东西，但它不是这个集团的头一件杰作。他们从事制造赝品，是由受雇于一个名为富齐尼的罗马古董商时开始，最先只是伪造伊都斯干陶器的碎片，后来则伪造完整的瓶子。

他们有了作伪的技术之后，塑造的第一件大赝品，是一辆古铜战车。1908年12月间，大英博物馆得到消息，说有一辆双马战车在意大利奥维托附近的"伊都斯干遗址出土，车埋藏地下大概有2500年之久，所以必须先加清洗，现时正由李加第兄弟进行清洗工作。

大英博物馆从富齐尼手中买下这辆战车，并对外宣布此事。李加第全家从罗马郊外迁居奥维托。不久，毕奥逝世。

可是李加第这家人得到一位名叫福拉凡蒂的雕塑名匠之助，马上重操故业。这一次是塑造"古战士"巨像。战士戴羽扇状铜盔，胸有护甲，小腿裹着铁甲。从胸护甲至双膝的一段，完全赤裸，右臂和左手拇指不全。原来他们对于右臂该摆出哪种姿势，意见不一，于是干脆不要。

再下去的赝品，就是"大武士"。这也是他们这帮人最后的一件杰作。巨像尚未完成，李加第坠马身亡。等到巨像卖给纽约大都会艺术博物馆后，这帮人就各奔东西，再没有在一起合作了。

1933年2月，博物馆把3件东西一起拿出来陈列。许多意大利专家怀疑它们不是真的，但直到1937年，博物馆发表了一份有关这3件陈列品的专文后，大家才公开提出质疑。

纵然如此，博物馆仍等了22年，才着手调查。经过彻底检验后，发现这3件物品上的釉彩有锰的成分。公元前800年的伊都斯干人不用这种着色剂。

可是博物馆当局仍不相信自己上了当。又过了一年，专家研究真正的伊都斯干文物后，博物馆才得到求之已久的证据。原来伊都斯干人是把整件陶器放在窑里烧的，因此窑里的陶器上须留有通气小孔。

李加第这帮人所塑的巨像，是逐节完成的，像身上没有一个小孔——这个漏洞，足以证明巨像是巧制的赝品。

但揭开全部真相的人，还是帮助塑造各个巨像的那位福拉凡蒂。1961年1月5日，这位匠人亲到罗马的美国领事馆签了一份自白书，那时他已经75岁。

为了证明自己所言不虚，他从衣袋里掏出"古战士"那个断缺的左手拇指指节——原来他特地留下作纪念。

"野人"传说

"野人"之谜已引起了越来越多人的关心。无论是喜马拉雅山的"雪人"，神农架的"野人"，还是北美的"大脚怪"，人们除了见到大量的可疑脚印、粪便、毛发，或者亲眼目睹"野人"的身影外，谁也没有拿出一个切切实实的真实标本。那么，世界上究竟有没有"野人"呢？

第一种看法是"没有野人"和"不可能有野人"。这些科学家认为，现代动物学已经研究到了很深入的阶段，不可能再有新的种类发现，"野人"当然也不例外。

第二种看法恰恰相反，认为"野人"的存在是不可否认的。他们的理由是，世界各地有关"野人"的传说一直长期存在，绝不是偶然的，这些传说至少有一定的根据，不然的话，为什么这些传说只限于某几个地方，而不是到处都有呢？

还有一种是折中的看法。这些科学家认为，"野人"可能存在，但还要进一步查实。他们举出大熊猫的例子。在许多年以前，中国华南地区生存着剑齿象—巨猿—大熊猫动物群。后来，这个动物群中的不少种类，已经在华南地区灭绝，但仍有少数的幸存，其中最著名的就是大熊猫。既然大熊猫能够延续到今天，那么巨猿的后代也可能有幸存者。

目击者称："1979年4月的一天下午，太阳快落山了，我放的4条牛正在山上吃草。忽然，牛抬头瞄瞄，再瞄瞄。我当时正用镰刀砍松树枝，没有注意。当我听到尖笑声时，一个高8尺的野人跑下来抓住我的右手腕，狂笑不止，约有一刻钟。我越挣扎它就抓得越紧。我不敢用镰刀砍它，只用镰刀背敲它的手指头。这样相持了一段相当长的时间。后来，野人笑昏过去了，我趁机挣脱跑开了。"

在2000年9月初的一天清晨7时45分，在神农架国家自然保护区内的凉风垭，两个直立行走、高约150至160厘米、弯腰驼背、毛色棕黑的怪物，与8名十堰市电信局来神农架采风的游客相遇，目击者疑为"野人"。

据目击者介绍，那天清晨5时45分，他们8人准备到保护区拍摄日出。当面包车行至白水漂至凉风垭一左转弯处时，十堰市电信分公司的韩黎辉看到前面50多米远的公路上有两个棕黑色的"人"，每人背了一个背篓向来车的方向走来。车还没完全转过弯，两"人"一前一后突然跳下公路。龚洪看到后面一个身上有棕黑色毛，正夹着双臂，呈弯曲状向公路边的坎下跳，他立即说："是野人。"他们赶紧停车，发现两"野人"从相距约2米的地方分头跳下，在离公路20多米远的一块大石头下汇合后逃走，留下的脚印十分清晰。

他们对脚印进行了拍摄和丈量，这几十个脚印都是32厘米长，左右脚印清晰，趾印都明显，特别是从2米多高的坎上跳下处的后跟印深约5厘米，步幅均在150厘米以上。

1912年的一天夜里，悉尼的测地员查尔斯，哈卜与其他几个同伴在澳大利亚新南威尔士的卡罗克比利山中经历了一件可怕的事情。

晚上，几个人被附近树林里发出的声音惊动。他们往火里又添加了一些树枝，跳动的火光照见了一个可怕的新来客。哈卜后来对报界谈道：

"一个长得像人一样的巨兽直立站在离火堆不到20多英尺远的地方，咆哮着，用它的人手一样的巨掌捶打着自己的胸膛。我向四周一看，发现我的一个同伴已经吓昏过去了，他后来过了好几个小时才苏醒过来。那头野兽站在那里有好一会儿。

"照我看，它的躯干、腿和手臂都长满了棕红色的长毛，随着它身体的摇摆而抖动着。它肩部和背上的长毛在柔和火光下显得乌黑发亮，但使我吃惊的是它长着人的体形，但又与人有很大不同。

"这野兽身材魁伟，显得强壮有力。它的上肢和前掌又长又大，肌肉发达，上面长满了毛，但比身上的毛要短一些。"

这样的事件层出不穷，就是不相信有怪物的人也百思不得其解。

1924年美国矿工贝克在俄勒冈州波特兰以外约100千米华盛顿州的人猿谷探矿，忽然在峡谷的边缘看见一只类似猿的动物，连忙向它开枪射击。当天晚上，一大群类似的动物袭击贝克一群人的小屋，敲打屋顶和墙壁，企图闯入屋，贝克他们竭力阻挡。它们骚扰了5个小时才离去，房子周围留下了数以百计的大足印。

1962年，退休交通管制员福德及好友米尔斯，在密西西比与路易斯安那两州交界的荒芜蜜糖岛沼泽，建了间狩猎小屋。一天早上，他俩正把日用品搬进小屋时，看见9米外有一

大脚足迹

庞然巨物在翻泥土，怪物用双脚站起来，直瞪着他们，它胸肩健壮，全身都是肮脏的淡灰色毛，面貌都酷似人。过了一会儿，它转身离去，隐没在灌木丛中。

福德和米尔斯以后再也没有在这么近的距离看见怪物，却看到了它的很多足迹。有一次，他们看见一只喉部被撕裂的垂死的野猪，杀野猪的东西显然栖息于沼泽里。他们与其他露营的人都往往会听见怪物吼叫："先是长长的尖叫，接着化作沙哑的咯咯声。"

1973的6月底的一天，兰迪·克里夫和彻里尔·瑞伊听到附近灌木丛中有什么走动的声音。彻里尔连忙亮灯，兰迪则起床走去查看。这件事在伊利诺斯州的马菲兹布罗发生，根据新闻报道："它就在这一刹那从灌木丛中跑出来，活像大猩猩，高达八英尺，比那两个目瞪口呆的年轻人高出许多。精浓蓬松的灰白色长毛互相缠结着。身体发出像河中黏土的臭味。"

过了一会儿，怪物才转身，蹒跚地穿过灌木丛，向大泥河走去。"

17岁的兰迪虽然是州警警员的儿子，但假如只有他和彻里尔目击怪物，可能就没有人相信了。许多星期以来，已有不少人见过怪物，其中包括三个精明的游艺团工人，一个吓呆了的4岁孩子和一对引人注目的私通男女。除了说自己见到"大鬼"的小孩，目击者也分别说怪物身高2.4米，约重140至180千克，全身都是淡色和粘满污泥的长毛。马菲兹布罗的警察全体出动，一行14人，带着一只猎犬及它的训练人，在灌丛展开搜索，追踪怪物。断枝和践踏过的草形成一道隐约的痕迹，显示怪物走过的地方，草上一块块的黑粘泥，很像彻里尔·瑞伊的房子与河之间的那些污水里的软泥。搜索的人一直追到一座废弃的谷仓，怪物的足迹就在那里消失了。

后来，有几次听到刺耳的尖叫声，在满是泥泞的河岸，又发现奇怪的脚印，狗也因嗅到不寻常的气味而惊慌起来。大群荷枪实弹的猎人，在那里四处搜索，可惜始终找不到神秘的怪物。

1955年，在英属哥伦比亚米加山区，也有一次更有意义的发现。一位名叫威廉·罗的筑路工人（他还是一个有经验的猎手和看林人），见到一个女性沙斯夸支。这个野人高约1.9米，个头大，全身呈棕黑色，头发银色，乳房很大，有两支长臂和一双大脚。罗还注意到，她行走时像人一样，后脚先着地跨步，头的后部似稍高于前部，鼻子扁平，两个耳朵长得像人耳朵，小眼睛。她的脖子很短，几乎看不出来。还未等他仔细端详完，这个女野人已发现他就在其身旁，便赶快走开了。

一个来自英国的伐木工奥斯曼说，1924 年，他在温哥华岛对面的托马港附近狩猎和宿营时，曾经被一个沙斯夸支俘虏过。这段遭遇轰动一时，他连同他的睡袋一起被扛起，在山里走了大约 40 千米。最后到了四周是峭壁的深谷的"一户人家"，家中有父亲、母亲、儿子和小女儿。他在"这户人家"中安全地住了 6 天，后来还是逃离了。他清楚地叙述了这家人的情况，他们既不生火也无工具。但奥斯曼强调他们有与人相同的地方。

1978 年 6 月 6 日上午 8 时又有一次典型的新发现。目睹者是两位年过 50 岁的高级地质考察工程师肯德尔和哈撒韦。他们二人都是长期从事户外工作的科学家，有丰富的野外工作经验。当天他们下了中途搭乘的卡车后，便登上华盛顿州喀斯特山北面的高峰，此山的高度大约是海拔 1 200米。当时天气晴朗，气温很低。两人根本未想到有关野人的事。

突然，对面伐倒的灌木后有一个大黑影很快地闪现过去，引起了两人注意。起初他们以为是个人。再看时，他们发现那家伙皮棕黑色，全身长毛。他们看到了它的头、双臂和宽肩膀，但仅一两秒钟它便跑掉了。

由于太突然，两人惊得面面相觑，一时说不出话来。等他们明白过来，才快步到野人消失的地方去找脚印。地面太硬、石头又多，什么也看不出。以前他们曾说过，那一带他们非常熟悉，不可能有野人出没，可是现在他们居然也相信，他们眼见的那个家伙就是沙斯夸支野人。

在大脚野人出没频繁的俄勒冈州的某县，1969 年还曾颁布了杀害大脚野人要判处 5 年监禁及罚款的法令。

乔思·埃里克·贝克约德是英国伦敦西雅园"大脚汉研究所"的创立者和所长。根据他所说，目击大脚汉的事件每月都有。

大脚汉研究所不但收集各种目击报告，而且还收集大脚汉的毛发和血液样品。

一次是在马里兰州的罗克国家公园，靠近贝尔艾尔的地方。1975 年一天的夜晚，彼得·罗尼克驾驶一辆运动车与一个他认为是大脚汉的动物相撞。那动物恢复了身体平衡后，赫然向小汽车逼来，发出嘟嘟哝哝的声音，然后又大步跑开了。在车前灯被撞凹处，留有那动物的毛发，这些毛发被拿去做了分析。

1976 年 1 月 4 日晚，在华盛顿州贝灵汉的印第安人保留地，一个野人试图强行闯入杰弗逊家的食品贮藏室。杰弗逊一家被打碎玻璃的声音惊醒。杰弗逊先生跳起来抓起一支枪。他发现食品贮藏室离地1.5米高的窗户的玻璃打碎，碎玻璃散落在地板上，上面沾有血迹。在窗框和地板上的玻璃碎片中发现有顶端为白色的黑色毛发。乔恩·贝克约德亲自收集这些血迹和毛发样品，还收集了许多关于目击沙斯夸支试图闯入保留地民宅的情况报告。

1976年5月，在加利福尼亚州蒴克拉门托附近，一队十几岁的年轻人看到一个野人正在掰杏树的枝杈，吃上面的果子。这家伙留下了63.5厘米长的足印，这些年轻人从篱笆上取下它留下的毛发，交给了贝克约德。

1977年，在俄勒冈州的莱巴嫩城，一头巨兽一边尖叫一边拉掉一座谷仓的门，捣毁了围墙，贝克约德取下了它留下的毛发。

加州大学伯克利分校自然人类学家和生物学家文森·萨里奇对杰弗逊家碎玻璃上血迹做了化验。他发现这是一种比较高级的灵长类动物的血。同时拿出毛发样品以及其他几次取得的毛发样品由三位专家做了分析化验。他们的结论是：这些毛发不是人、狗、熊或其他相近的哺乳动物的，也不是已知的任何灵长动物的，但与大猩猩的毛发比较相近。

贝克约德说："这些动物体型巨大，不可能是人。这里显然有许多事

情还是个谜。它们可能是与人有亲缘的灵长类动物。"

人体喷火事件

数年前的一天晚上，一位19岁漂亮的女秘书和男友在伦敦一家小夜总会里跳舞，突然之间全身燃烧起来。

好像是得到体内风暴的助力，火从她背上和前胸迸发出来，冒到头上烧着了头发。几秒钟内她变成了一团火球，男友和舞池上其他的人大惊。大家还没有把火焰扑灭，她已经烧死了。

她的男友用绷带扎着灼伤的双手，在调查庭上说："没有看见舞池里有人抽烟，桌上没有点烛，我也没有看到她的衣服碰到什么东西而着火。我知道说来难以相信，但我觉得火焰像是从她体内迸发出来的。"其他的证人同意他的话。弄得验尸官也说不出所以然来，终于判断是"意外死亡，被来源不明的火烧死"。

这种人体自行喷火的恐怖情形，幸而并不常有，但确曾有过，而且历代都有。17世纪时，英国东南部有个老妇在她的村屋内被烧死。火势一定很烈，但屋里却没有别的东西被烧焦，所谓别的东西，其实也就是她睡的被褥。

"没有人懂得这是什么征兆。"一个旁观的人说，跟着他又隐约地暗

示这是天罚，却没有说是为了什么。

英国有个建筑工程承包商人驱车经过工地时，还从车窗挥手向外招呼，但一会儿即浑身着火。还有个英国人也被人发现就在他的货车驾驶室里完全烧化了。

伦敦《每日电讯报》刊载："警方证人说，他们发现装满汽油的油箱反而无损，驾驶室的门极易打开，但里面'简直像个火炉'。法庭的陪审团宣称他们不能断定这项意外是怎样发生的。"

《雷诺新闻》记载一个伦敦人惨死的情形。那人在街上走路时"像是爆炸了。他的衣服猛烈地燃烧，头发被烧光，靴子的橡胶底都熔化了"。

人体内喷火并非次次都是只烧死喷火的人。

美国纽约布鲁克林理工学院已故教授兼罗宾毕奇电机工程顾问公司发起人毕奇相信那些不幸的人，每年都于无意中造成了数以百万元计的火灾损失。他有个客户是俄亥俄州一家工厂的老板，工厂时时突然发生小火警，有时一天达8次之多。

毕奇教授的测验方法是请工厂的员工轮流站上一块金属板，站的时候要拿着一根电极，毕奇则注视着静电电压表。

有个工人是新近雇用的年轻女子。她踏上金属板时，电压计就猛跳。她的静电为3万伏特，电阻为50万欧姆。毕奇教授便建议把她调到不与易燃物料接触的部门。

毕奇教授是爆炸学静电原理的权威。他说在某种情况下，例如在干燥的冬天走在地毯上，差不多每个人身上的静电都可以升到几千伏特。这就是为什么我们有时碰到车门或其他金属面会感到一震。这种电通常是无害的，它会从发端消散。不过有人——也许10万人中有一个——皮肤特别干燥，产生的静电特别高。

身带静电的人可能十分危险。例如，他们可能在空气中混有麻醉剂挥发气的医院手术室里引起爆炸。1964年发表的一份报告，说每年在这种爆炸下丧生的人，估计约有1000名。医院员工身上衣服积留下来的静电，恐怕就是危险的成因。

毕奇教授还相信军火厂和炼油厂里的工人都应常接受检验，看他们的皮肤产生的电量是不是比正常人保留得更久。

分身术事件

怨恨自己不能同时在两个地方出现的人无妨听听沙芝夫人的奇事。她是教师，据说能用分身术来解决工作上的困难。

1845年在俄国里伏尼亚一间女校任职时，说来奇怪，简直好像有两个沙芝夫人。例如，一个会坐着望全班的学生，另一个却站着在黑板上写字。有一次，两个学生看见她坐在屋里，同时看见她又在屋外摘花。

注意到这种神奇变化的并不只是那些想象力过于丰富的学生们。有一天，她感冒卧床，一位朋友在床边读书给她听，却看见另一个她在房里跑来跑去。

她在学校任职一年半后，流言很多，校董不得不出来查问究竟。是的，她对校董说，那是真的。她能够用意志力投射出另一个自己的形象。她发觉这种方法在维持纪律上有极大的帮助，她背向着学生时仍可以注视他们。

但校董们并不以为这是有趣的事情。她被辞退了。后来她承认这并不是她第一次被免职。

这位会分身的女教师的名字并无记录，大家只称她为沙芝夫人，是否因为她曾结过婚或者因为她是"女教师"才这样称呼，就不得而知了。

很可惜，若是她有丈夫，那位丈夫就可能会把自己和分身有术的太太共同生活的经验，写出一本极有趣的书来。

眼里长草的怪事

1980 年 6 月，南非卡伯市眼科医生斯洛蒙·艾贝尔从一个 8 岁儿童的眼睛角膜里取出一棵 3 毫米长的草。

眼睛里长草的儿童名叫朱利安。手术前一年，有一天，他和小朋友在草地上玩耍时摔了一跤，感到左眼被什么东西碰了一下，有点痛，医生给他配了点药，点了几天后眼睛就不痛了。可是一年后，他看东西时眼睛总觉得难受，尤其是看书或看电视时更吃力。母亲发现他眼睛里有个白色的东西，便带他到医院去诊治。医生仔细检查后发现，原来朱利安的眼睛里有一棵正在生长着的草，需要动手术。半小时后，草被取出来了，小朱利安的视力即恢复了正常。

艾贝尔医生后来分析说，当朱利安摔倒在草地上时，大概有一粒草籽落在他的眼睛角膜里。而人眼里正好具备植物生长所需要的水分、氧气和湿润的环境，因此，草籽就在里面发了芽。艾贝尔医生还说，朱利安是十分幸运的，因为不及时动手术取出这棵草，他的左眼就会失明。

意念奇能奇事

在苏联红军中服务的那个年轻女兵对军中生活感到厌倦。她才 14 岁，便上前线作战，结果，被德军炮弹碎片所伤。那时第二次世界大战已快结束，但她的伤势复原还需要很长时间。

妮艾尔·库拉基娜后来回忆说："有一天，我的心情不好，又怒又烦。

我向着碗橱走，不料一个罐子自动溜到架子边缘，然后跌下来，摔碎了。"

类似的怪事接着发生，灯光无端端忽明忽暗，门窗忽开忽关，桌上瓷器无人自动。起初妮艾尔以为是专爱和年轻少女捣乱的顽皮小幽灵在作祟。可是后来她觉得那移动物件的力量，来自她的体内。

她练习如何把精神力量贯注集中。爱德华·纽莫夫是最早注意她的科学家之一。他将一盒火柴散在一条凳上，她两手紧握在火柴上方的空中，只见她震颤用力。突然，所有火柴一齐被逼到凳旁，逐一跌落地上。

此后又做过很多次试验，并有60余套影片纪录妮艾尔的神力。其中最令人惊奇的一次试验，就是把一个生鸡蛋打破，浸在玻璃箱里的盐水内，她努力把精神集中，虽然站在离箱数米之外，仍能将蛋黄与蛋白完全分开。

从装在妮艾尔身上的仪器上看得出，她受到极大的情绪上及精神上的压力。

雪奇耶夫博士主持此项试验，也曾测量妮艾尔四周的电磁场。她开始将蛋黄与蛋白分离的时候，电磁场的脉动是每秒钟4次。

雪奇耶夫博士推想认为这种脉动的作用有如磁波。

他的记录说："这种磁震或磁波发生的动作，如集中在一个物体上，该物体虽无磁性，亦好像有了磁性一样，所以物体会被她吸引或拒斥。"

一身二人事件

1887年2月，一个叫布朗的人在宾夕法尼亚州诺里斯镇东大街上租了一间储物室，自己住后半，前半用来做生意，卖的是糖果、文具和几种廉价货品。

3月13日，星期日，布朗到当地卫理公会教堂做礼拜，跟着就照平常习惯回家上床睡觉。

第二天凌晨5时，他被一响他相信是手枪发射的声音惊醒。他睁开眼睛，但对他的周围的一切觉得莫名其妙。

他感到疲弱，好像是注射过麻醉药，对窗外的东西也完全不认得。

大约有2小时，他越来越闷得慌，躺下去努力想他自己——安塞尔·鲍尔尼，怎么会来到这间陌生的房子里。

他终于打开门去找屋主厄尔先生。

"这是什么地方？"他问那位感到惊讶的屋主。

"你很好，没有什么，布朗先生。"屋主回答说。

"我的名字可不是布朗。"鲍尔尼说。

屋主告诉他这里是什么镇，现在是14日。

"这里的时间竟是倒退的吗？"他问，"我离开家时是17日。"

"哪月 17 日？"厄尔问。

"1 月。"

"现在是 3 月 14 日了。"

厄尔请来一个医生。鲍尔尼一再表示自己所能记起的最后一件事就是他离开侄儿的商店后，曾在罗得岛普洛维顿斯市宽街上看到几辆运货马车。论时间，这已是 2 个月前的事，两地相距也有几百里。

侄儿接到通知，把他接了回去。他的家人早已报案说他失踪，现在问他是怎么一回事，他却完全记不起来。他想不出为什么自己，一个木匠、农人兼传道者，会去做一种自己毫无所知和全无兴趣的生意。

3 年后，哈佛大学的威廉·詹姆斯教授听说有这回事便跑去研究。在催眠状态中，鲍尔尼说他的名字是布朗，并详述在 1887 年 1 月 17 日到宾夕法尼亚州去的故事。他记得自己到了那里几星期后，曾开设一间小店。但对到宾州去以前的生活，他却迷迷糊糊记不清楚。

他只知道他从前曾有过困苦的日子，而他的太太则于 1881 年逝世。鲍尔尼的太太正是在这一年去世的。对于 3 月 13 日以后的事，他也记不清楚。

詹姆斯教授证明鲍尔尼和布朗的性格是截然不同的。各有各的姿态、表情和笔迹。当催眠渐深时，布朗的性格渐渐游失，并且一去不返。

这是鲍尔尼所遭的第 2 次苦难。

第 1 次是 1857 年 10 月 28 日，当时正在罗得岛韦斯特里他住宅附近散步，虽然他此前已疏离了浸信会，忽然想起他应该到教堂去。但他又对自己说，宁可变成哑聋也不愿再入教堂。

不料过了一会儿，他感到头晕目眩，便在路旁坐下，当时他觉得好像有一只强有力的手从他头上、脸上和身上抽去了一些东西，他的视觉、听觉和说话的能力全部丧失。他相信是上帝顺从他的意愿，使他的眼瞎了。

他的视力第二天却恢复了。11 月 11 日，朋友们把他带到当地一个小教堂，在那里他皈依了上帝。下一个星期日，他站在会众中间，伸臂向天，他的听觉和说话的能力立即就恢复了。这一经过使他成为传道人，继续做了多年。

50 多岁时他的妻子死了，他便重敛木匠并兼务农。到了 1887 年，他的储蓄已足够买地。他从银行里提了 551 元，到普洛维顿斯去探问他的侄儿。他怎么变成布朗的经过不清楚。但他在诺里斯镇做起生意来就是用他从银行支取的那笔钱。

天生无痛感的传言

相传一个叫保罗的孩子，今年 2 岁，天生人见人爱的俏脸，活泼聪明，没有人想到，这张漂亮的孩子脸后面，蕴藏着一个悲剧——保罗天生失去感觉痛楚的能力，以致时常碰至头破血流，还哈哈大笑。

他的父母卜比与姬丝蒂，为了轮流日夜看管儿子，不惜辞掉工作，依靠救济金过活。姬丝蒂告诉记者："只要有一刻钟没有看管着保罗，回头便会发觉他血流满脸，身上青一块、肿一块。"

患上这种先天缺乏痛感能力疾病，是由于卜比与姬丝蒂都是这种疾病的带菌者，不幸祸及下一代。卜比回忆说："保罗6个月大的时候，有一天，我带着疲乏身躯步入家门，太太突然惊叫说：'天呀！你踏在孩子的手臂上。'我才晓得原来保罗躺在地上，还对着我微笑呢！"

自从发现他们的儿子患上此疾后，夫妇两人必须24小时提高警觉，随时防止孩子自我伤害。不过，意外还是屡屡发生，保罗曾经咬伤自己的手指，咬破舌头与嘴唇，额头撞破玻璃窗，四肢伤痕累累，眼睛附近常被碰至淤黑色。

尽管前路漫长，卜比夫妇从没有想过弃孩子于不顾，或者心存畏惧，把责任推卸他人。卜比说："看到姬丝蒂苍白的脸与孩子天真的笑容，我知道大家需要什么——彼此相爱，紧紧靠拢在一起。"经济情况许可的话，卜比打算装修家园，到处铺满护垫，尽量让保罗无法伤害自己。生活艰辛，日夜劳心劳力，对这对患难见真

情的夫妇来说，何其微不足道，只要彼此关怀，同样可以享受天伦之乐。姬丝蒂说："保罗是我们的小天使。"在忧伤中还能发出衷心赞美，怎能不令人深深钦佩？

腹中生蛇的传说

在土耳其首都安卡拉旁边不远的一个村子里，有一个名叫伊尔蒂丽姆的15岁的小姑娘。5年来，她一直感到腹痛难忍，其父母曾为此四处奔走求医，但由于当地医疗条件甚差，医生一直未能诊断出伊尔蒂丽姆的病因。每天，伊尔蒂丽姆痛苦的呻吟声不绝于耳，这使同村人也感到恐惧不安。有人说伊尔蒂丽姆中了邪，许多人开始躲避伊尔蒂丽姆一家。在无可奈何的情况下，伊尔蒂丽姆的父母才带着女儿，怀着一线希望来到首都安卡拉求医。

在安卡拉一家医院里，医生们根据伊尔蒂丽姆的病情，先为她作X光检查。照片冲洗出来后，其结果使医生们大吃一惊，在姑娘的腹中竟有3条约30厘米长的蛇相互缠绕在一起。医生们认为，腹中生蛇很可能是由于伊尔蒂丽姆饮用了含有蛇卵的河水所致。医生们立即为伊尔蒂丽姆做了手术，取出在姑娘腹中生活长达5年之久的3条蛇，使伊尔蒂丽姆的健康得以恢复。

总在移动的灵柩

18 世纪时的巴贝多斯岛，有一个以种植为业发了财的富户沃尔龙德家族，在岛上的基督城凿石兴建了一座坟墓，进口处用一块巨大的大理石封闭。外表看来，与其说是坟墓，倒不如说是堡垒。

家族之中，有一位高大德太太1807 年葬在这石墓里。第 2 年，一个也拥有黑奴并在岛上以种植为业的蔡斯家族，买下了这处石墓，先后在1808 年和 1812 年安葬了蔡斯家的两个女儿。

1812 年第 2 次开坟安葬已死两女之父托马斯·蔡斯的时候，人们发现里面那 2 个女儿的铜棺竟然头朝下倒立在那里。但又看不出有盗坟的迹象。

1816 年为了安葬家族里的一名男子又再度开坟，人们发现墓里蔡斯家的灵柩又是凌乱不堪——要 8 个人才扛得起的托马斯灵柩，靠着墓穴的一面墙竖立着。

8 个星期后，另一次葬礼快要举行，怪墓的消息早已传遍附近地区，大批群众拥到现场看热闹。他们都没有失望：石墓虽然封得很好，蔡斯家的四副灵柩又是东倒西歪乱排在里面。

巴贝多斯总督库勃英尔勋爵随后插手此事。1819 年，他亲自监督工人把灵柩重新安放整齐，还在墓门四周加上封印。第 2 年，他接获报告说墓内传出声音，便到墓地去查看究竟。

封印完整无损，可是铜棺又如往常一样凌乱不堪。只有高大德太太那副开始腐朽的木棺依然无恙地放在一角。

这件事似乎找不到适当的解释。若是黑奴为了报仇而走进墓里搬动灵柩，不可能不留下痕迹。石墓里也没有因水淹棺木被漂过的迹象。地震也不可能单单震坏了一个坟墓而附近其他坟墓却安然无事。

塑造大侦探福尔摩斯的柯南·道尔，认为是棺内的铅阻碍尸体腐化，所以超自然的力量把灵柩移动表示抗议。他还猜测由于托马斯·蔡斯和其中一个女儿死于自杀，这种超自然力量就变得更强。

不管原因是什么，墓内灵柩屡次移动引起很多人的忧虑，结果灵柩都被迁葬到别处去了。

时至今日，除了大风刮起的垃圾偶然由门栅空隙吹进这座石墓里之外，石墓中空无一物。

来自死尸的骗局

目前躺在西班牙一个墓穴里的那名英国人，生前对祖国毫无贡献。可是他在潮湿的英国秋天患了肺炎逝世之后，却把纳粹德国的情报人员戏弄得团团转，拯救了本国万千官兵的生命。

1942 年，北非战役已接近尾声，德军的参谋人员，研究了当时的作战情形之后，不难想到盟军的下一个进攻目标必然是西西里岛。因此，盟军必须赶紧设法使德国相信这个推断是错的。

英皇家海军情报局提出了一个办法。主张用一具死尸扮成飞机失事中丧生的信差，随波漂流到中立国西班牙的海岸，他的口袋里有一些看起来极为机密而其实是用来欺骗敌人的文件。这些文件几乎可以肯定会被德国特工人员发现。

首先要找一具令人相信是因溺丧生的死尸。结果军方获得这具死于肺炎的尸体，只是绝对不能透露他的真正身份。

死尸获得"重生"，变为英皇家海军陆战队少校威廉·马丁。他带了几份文件，其中一份文件是英国副总参谋长写给驻非洲第 18 集团军司令亚历山大将军的信。信里指出亚历山大不能按照己意行事，因为下个进攻目标不是西西里岛，而是地中海西部的某处。

当时马丁少校还带了封总参谋长蒙巴顿勋爵写给英舰队总司令康宁汉爵士的信。信里有句看来显然不得体的话："兹着信差顺便带上若干沙丁鱼，在我们这里要计点数哩！"这等于暗示盟军的下个进攻目标是意大利的沙丁尼亚岛。

1943 年 4 月 19 日，这具少校尸体被藏在英潜艇"六翼天使"号的鱼雷舱里启程了。这是少校第一次，也是最后一次的任务。

11 天后，死尸由舷侧吊落海面。翌日黎明时分，潮水把它冲向威瓦海岸，被一名渔民发现。西班牙当局随后通知英国副领事，并以军礼厚葬马丁少校，至于文件之事，则只字未提。

英国立即向西班牙提出紧急正式照会，要求交还文件。到了 5 月 13 日，那批文件才终于送回。经过科学方法验定，证明信封都给拆开过，但直到战争结束后，马丁少校的战功才大白于世。甚至希特勒都认定盟军的主攻目标是沙丁尼亚岛。

德军最高统帅部把军力分散，以致防线上出现漏洞，盟军得以乘虚而入。留驻在西西里岛的守军只有一支意大利部队和两师德军。结果，盟军在滩头登陆的时候，死伤大减，进攻奏捷。

天鹅绒面罩的秘密

1703 年，在法国东侧的一座中世纪的要塞——巴士底狱里，一名神秘的囚徒与世长辞，他被囚禁已长达 34 年。

说到他的神秘，首先是长达 34

年的岁月中，狱中竟无一人见到过这位囚徒的面目，因为他永远戴着一具天鹅绒面罩。

在一位法国公主写给英国皇室友人的一封信里，提到这名"老囚犯"。

"多少年来，有个人一直戴着面罩住在巴士底狱，至死不除。两名武士永远守在他身旁，只要他一摘面罩便把他杀死……这里必然有些蹊跷，因为除此以外，他受的待遇很好，住得很舒服，各项供应无缺……没人晓得他是谁。"

浪漫派名小说家大仲马写的《铁面人》即取材于此，那本书把天鹅绒面罩改成铁面罩。他的小说使一般人都认为这位身世不明的囚犯，不是法皇路易本人就是他孪生兄弟。但就已知的事实看来，对这些神秘事项可能另有更奇异的解释。

从1669年在敦刻尔克港被捕起，这个囚犯一直受严密防护。他被解往都灵（当时为法国领土）附近的皮诺罗监狱的时候，狱长圣马斯曾经接到一道指示："如果他向你谈论日常生活范围以外的任何问题，你便以处死来威吓他。"

圣马斯每次调往另一监狱，这名囚犯也随着移监，一路用轿子抬着他走，轿子用蜡纸密封，以防好奇者窥探。据说他几乎闷死在里面。1698年圣马斯调往巴士底狱，那时候距离这名囚犯被捕已将近30年，圣马斯仍奉示采取各种戒备，不让人认出犯人真面目。

那具面罩好像是一种戒备而非惩罚。但是在这段期间，并没有什么知名人士失踪。不知道为什么要采取如此严密的戒备，这可能是由于这名囚犯的面貌跟某一要人极为相似，而面貌相似可能产生很多麻烦。

政治家及学者奎克斯武勋爵的一项看法与所有已知的事实都符合。他认为这囚犯并非他人，乃是法皇路易十四的亲生父。

路易十三与奥地利的安妮结婚后22年，一直无所出。黎希留红衣主教是当时法国的实权统治者，如法皇有嗣位人实际对他有利无害，因为嗣君仍可由黎希留派控制。14年来，法皇与皇后一直分居。于是黎希留设法为两人正式和解。在全国震惊下，皇后于1638年生下一子。

法皇与皇后从未有过孩子，而且彼此深恶痛绝，因此很可能是黎希留说服皇后，让一位漂亮年轻的贵族，代表她的丈夫，和她生个儿子。当时在巴黎，娇妇无数的老皇亨利留下许多私生子，都是路易十三的同父异母弟兄，因而不需在波旁王朝之外物色面首。也许黎希留很容易就找到一位神采翩翩，而且心甘情愿的波旁王朝贵族，并且说服了皇后，除此以外无法解此谜团。

这个孩子在童年时，皇室的人就都说这位年轻的路易健壮而活泼，完全不像他的父亲。

如果这个说法不错，他的真正父亲可能被遣送到国外，也许遣到法国领地加拿大。后来他可能认为事过境迁而回到法国，或者希望从目前权威赫赫自命太阳国王的儿子那里，求得一项优遇或赏赐。

因为他的容貌太像法皇，他一露面就可能使皇室难堪，甚至影响法皇本身的地位。

把他悄悄杀死是最明快的解决办法，但是不能这样做。路易无法亲自下令谋杀亲父。另一办法就是把他完全隐藏起来，使他生活舒适，但除狱吏外不能与任何人接触。

这个囚犯死时和活时一样，不露面不为人知，甚至入葬时还隐姓埋名，他和其他死在巴士底狱的人一样，埋葬时使用假名。这位可能是自命太阳国王的法皇亲生父，在档案记录里名字是尤斯塔奇·遭格，职业仆役。

两幅蒙娜丽莎事件

巴黎罗浮宫墙上挂着一幅蒙娜丽莎，伦敦某寓所的墙上也挂着一幅蒙娜丽莎，两幅画中人都神秘地微笑朝下望。后一幅的物主是亨利·普立泽博士，据他说，这幅不是复制品，而是列奥纳多·达·芬奇的另一件真迹。全世界各地画册上著录的蒙娜丽莎不止 60 幅，但这位发明家、科学家兼艺术鉴定家普立泽，肯定自己的那幅是真品。

普立泽说达·芬奇每绘人像照例不止画一幅。最初画的女人是佐康多夫人蒙娜丽莎，她是佛罗伦萨某贵族的妻子。当时她的女婴夭折，故画像时仍头披轻纱。

达·芬奇一共花了 4 年时间才把这幅人像画好，完成后就交给佐康多夫妇。不久，在他应法皇法兰西斯一世之邀前往法国之前，贵族麦第奇请他替自己情妇康丝坦莎画像。真是巧到极点，康丝坦莎不但很像蒙娜丽莎，而且有个诨名叫"佐康达弦"，意思就是"微笑的人"。

达·芬奇即以蒙娜丽莎的另一幅像稍加修改，把脸孔改为康丝坦莎的就成功了。

可是这幅画才画好，麦第奇嫌贫爱富，抛弃了情妇，所以也就没有买那幅画。

据普立泽说，达·芬奇带到法国去的，就是这一幅，也就是第二幅。他还携带了一些未售出的作品。普立泽肯定现时罗浮宫壁上的蒙娜丽莎，就是这幅康丝坦莎的画像。

佐康多夫人的画像，则留在那位佛罗伦萨贵族的家里，后来才辗转到英国。20 世纪初被威廉·勃莱克购得。勃莱克是艺术鉴定专家，又是英格兰巴兹赫尔勃恩博物馆的主持人。后来他又将画转售给瑞士的一个艺术集团，普立泽就是集团中的一分子。

普立泽曾用显微摄影术检查过这幅画，他说画布上的指纹跟其他真正的达·芬奇作品上留下的指纹完全相符。

还有一件事可以证明这幅画是真的，这就是意大利名画家拉斐尔在达·芬奇的画还未完成之时曾画过一幅蒙娜丽莎的素描。素描上的一些特点，例如背后的两根柱子，都见于伦敦收藏的那幅画上，但罗浮宫挂着的那幅，却找不出这些特征。

此外，普立泽收藏的那幅，画中较年轻的女子正是披着悼亡轻纱的。

达·芬奇作画时左手握笔，有时用右手把彩色弄匀，以取得特殊效果，这是他画画时独特之处。油画上留下的指纹清晰可见，鉴定家亦借此以鉴别作品的真伪。

专家曾把普立泽收藏品上的指纹跟达·芬奇其他作品上的指纹比较，结果判断前者确是真的蒙娜丽莎。

恐怖的双翼怪物奇闻

1966年11月15日深夜，两对青年夫妇驾车经过西弗吉尼亚州快活角附近的一座已废弃的TNT炸药工厂时，看到了两只大大的眼睛"附"在一个形似人体的东西上面。但这东西比人体要大，一对大翅膀折在背上。目击者们都承认，这双眼睛具有催眠作用。当这只动物开始移动后，4个被吓坏了的人立即加速逃跑。但他们在道路附近的一个山坡上又看见了同一或类似的动物。它展开像蝙蝠那样的双翼，升到空中跟着这辆车，这时的车速约为160千米/时。

目击者之一的罗杰·斯卡伯里对调查人员约翰·基尔说："这只鸟一直跟着我们，它甚至都不用扇动翅膀。"目击者们对当地副治安官米勒德·霍尔斯特德说，它发出的声音就像高速放音时所发出的那种耗子般的尖叫声。它在62号公路上一直跟着他们直到快活角城。

这2对夫妇并不是那天晚上惟一看到这只动物的人。另外一个4人组声称不是1次，而是3次看到它！那天晚上的第3次目击案发生在10点30分。当时，家住西弗吉尼亚萨利姆郊外的建筑工人内维尔·帕特里奇正在看电视。突然屏幕上一片空白，然后"一个人形物出现在屏幕上，同时电视机里传出嗞嗞的声音，音量不断加大，到最后突然停止了"。帕特里奇的狗班迪在门廊中狂吠，甚至在关掉电视后仍不停止。

帕特里奇走了出去，看到班迪大叫。"我于是打开手电筒向那个方向照去，"他对西弗吉尼亚作家格雷·巴克叙述着，"看到了两只红色的眼，就像是自行车的后反光镜，但要比它大一些。"这一场景中的什么东西一定是把他吓坏了，因为他当时肯定这不是动物的眼睛。

班迪是一条训练有素的猎狗，它

咆哮着向这只动物冲了过去。帕特里奇叫它停下，但这条狗根本听不进去。他回到房中取枪后，感到还是呆在屋里为妙。夜里睡觉时他把枪就放在身边。第二天早晨，他意识到班迪还没有回来。两天后，这条狗还不见踪影，这时帕特里奇从报纸上看到了快活角目击案的报道。

报道中透露的一个细节引起了他的注意：罗杰·斯卡伯里叙述说，当两夫妇即将进入快活角城前，曾经看到路边有一条大狗的尸体。几分钟后，在他们从城里返回的途中，发现那条狗又不见了。帕特里奇立即想到了班迪，他再也见不到它。那条狗留下的只是在泥地中的脚印。他回忆说："这些脚印组成了一个圆圈，好像这条狗正在追逐自己的尾巴，但班迪从未有过这种举动。"此外就再没有任何脚印了。

两个目击案之间还有一个联系。副治安官霍尔斯特德开车到达那座TNT工厂时，他的那部警方无线电受到了奇怪的干扰。噪声很大，听起来像是高速回放录音带的那种声音。他最后不得不关掉了无线电。

第二天，治安官乔治·约翰逊召开了一个记者招待会，于是这个故事一下轰动了全国。一个新闻工作者以《蝙蝠侠》中那个坏蛋的名字"翼人莫斯曼"为这只怪兽命名。

更多的目击案：

自那时起到1967年11月间，又发生了一系列的目击案。1966年11月16日晚，一男两女三个成年人（其中一个妇女抱着一个婴儿）在朋友家做完客后正离开他家走回自己的汽车。突然，什么东西从地面上慢慢地升到了空中。目击者之一的玛塞拉·贝内特女士受到了如此大的惊吓，以至于怀中的婴儿都掉在了地上。那是一个"巨大的灰色物体，比人大"，但没有头。而它的躯体上部却有两个大大的、发光的红圆圈。当它正打开背上那对巨大的翅膀之际，雷蒙德·万姆斯里赶紧从地上抱起孩子并把两名妇女领回他们刚刚离开的那所房子。那只动物跟踪他们一直到门廊前，因为他们可以听到那里传来的声音，更可怕的是，他们还看到那双红色的大眼睛正透过窗户盯着他们。当警察赶到时，怪物已经走了。随后的几个星期里，贝内特女士心中都烦乱得不行，像其他那些见到翼人的目击者一样，最后她不得不求助于医生。

翼人目击案的主要调查者约翰·基尔写道，至少有100个人曾见到过这种动物。他把那些目击案汇总在一起，得出了这种动物的大致形象。它站起来有1.5～2米高，比人的身体宽，两条腿像人，走起路来蠢笨缓慢，发出"吱吱"的声音，眼睛位于肩膀顶部，比它那巨大的身体看起来更为可怕。它的翅膀有些像蝙蝠，但在飞行中并不扇动它。当它离开地面升空时，就像一架直升机那样径直升了上去。目击者们描述它的肤色是灰色或褐色。两个目击者说，当它在他们头顶上飞行时，听到了一种机械的"嗡嗡"声。

1967 年以后，除 1974 年 10 月在纽约州埃尔玛的一次目击报告外，翼人的目击案就再也没有过。但基尔访问的一个妇女说，她曾于 1961 年的一个晚上，在西弗吉尼亚州俄亥俄河沿岸的一条公路上发现过这样一只动物。她对基尔说："它比人要大得多，是一头灰色的大家伙。它站在公路中间，然后从背后打开了一对巨大的翅膀，翼展开后有路面那么宽。它看起来简直就像一架小型飞机。后来它径直升到空中，几秒后就从视野中消失了。"

恐龙胎儿的传说

关于"人起源于猿猴"的说法很早就引起许多科学家们的质疑。因此，我们向人类学家提出另一个更伤脑筋的问题：人到底起源于什么？然而，前不久，澳大利亚人类学家破天荒地提出轰动世界的新论——人起源于恐龙！

假如达尔文今天还健在，当他得知这一消息后，定会暴跳如雷。要是真的，达尔文关于"物种是通过自然选择而发展"的全部理论都已见鬼去了。然而，关于"人起源于恐龙"

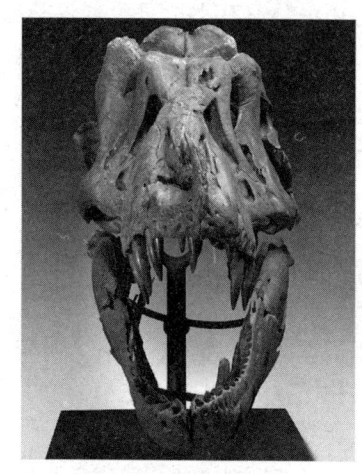

史前恐龙化石

的这一新假说的创立者们认为，他们掌握有充分说服力的证据证实这一新假说的成立。

1994 年秋，由伊尔温·雷姆兹教授率领的澳大利亚古生物学考察队开赴欧洲，对比利中斯山北麓支脉进行了考察。考察队的科学家们在几条河谷中丰厚的土壤冲积层一面，意外地发现了恐龙、翼龙及其他侏罗纪古生物代表的遗骸。这次考察，人类学家不仅获得了保存完好的动物骨骼，而且还发现一只神奇莫测的恐龙蛋。乍看上去它跟普通恐龙蛋一样，没什么奇特之处，但就其形状而言，对科学家们来说却非同寻常。

伊尔温·雷姆兹博士对这一奇特的恐龙蛋进行仔细观察后认为，这是一只极罕见的恐龙蛋，它与其他恐龙蛋截然不同，其独特之处在于，比其他恐龙蛋稍小，蛋壳较薄而且孔隙较多，用手触摸有不可思议的温热感。考察队员一致认为，这一重大发现不同寻常，它可能成为最终揭开人与恐龙之间微妙关系的关键。

于是，他们将这只恐龙蛋立刻运回澳大利亚进行研究。

科学家们对这一恐龙蛋进行了为期两周的实验、观察和全面研究，其结果震惊世界。最初，研究人员借助普通化学方法对恐龙蛋进行检测和研究，但对其内部实质未能得出结论。后来，当他们对其改用激光X射线断层摄影法进行观察和研究时，在计算机控制的显示屏幕上，终于展示出这只恐龙蛋内部的微观世界：原来，恐龙蛋中躺着一个几乎定型的人的胎儿，他的年龄已有5~6岁，甚至还能清楚地分辨出胎儿的性别——男孩。胎儿头部的毛细血管看得更加清楚，还微睁着双眼，但尚无任何迹象表明恐龙蛋中的胎儿还活着。科学家们认为，这也不足为怪，因为，这只恐龙蛋已在地下沉睡了不知多久，很难保证里面的胎儿存活下来。不过，科学家们正在竭尽全力挽救他的生命，以期揭开人与恐龙关系的奥秘。他们已将这只恐龙蛋放进一个专门的高压氧气舱中进行"保胎"，企盼着里面的胎儿能早日复活降生人世。

真是功夫不负有心人，科学家们对恐龙蛋中的胎儿进行了精心护理和抢救，胎儿终于绽出复活的曙光：10天后奇迹出现了——蛋中儿开始微动，出现呼吸，他终于复活了！后来，胎儿的手和脚也开始动弹了，脑部血管也渐渐跳动起来，身上的肌肉出现抽动。

专家们认为，孕育着胎儿的恐龙蛋所处的生化环境已发生变化，因此，许多外部因素并非都有利于胎儿的发育。不过，有一点是毋庸置疑的，再过6~8个月，恐龙蛋中的胎儿将破壳降生。

目前，澳大利亚的科学界和新闻界正拭目以待，期盼着这个恐龙蛋中的宠儿问世。如果果真如此，这将成为轰动全世界的爆炸性新闻。

难道恐龙真是人类的祖先吗？发生在现代原始森林中的另一桩奇事，又使科学家们对"人起源于恐龙"的新假说产生歧见。

最近，一支探险队在印度尼西亚婆罗洲的一处原始森林中，发现一件可能令人类进化史改写的怪事：一个残存的史前人类部落被发现。该部落的婴儿全部由卵生后而孵化出来，也就是卵生人。

探险队领队、德国人类学家劳·沃费兹博士及其他10名队员，为了研究这个当代仅存的原始部落的生活，深入印度尼西亚婆罗洲的热带雨林中。他们来到这里后，惊奇地发现，在一处山脊上生长的原始大树上，挂着一群原始土著人，这些土著人身高约1.2米，赤身裸体，以大蚯蚓为主食。

他们一接触，很快就亲近融洽起来。于是，这伙原始土著人将探险队领到他们的"树上之家"，这是一个建筑在几棵大树上的巨大平台，只见30多个女土著人，正坐在一枚枚白色的大蛋上进行孵化"作业"。其中，有一个婴儿开始破壳而出。

探险队员经过很长一段时间观察后发现，原来，女土著人怀孕6个月后，便会产下一枚大蛋来，接着再进行3个月的孵化期，9个月完成卵生人的整个孕育过程。卵生婴儿出壳后，跟我们正常的胎生婴儿一样，母亲便开始用乳汁哺育她们的婴儿。

人是否真的起源于恐龙？还有待那只恐龙蛋中的胎儿问世后，人类学家对其进一步探索和研究后方能得出结论。

"鬼湖"事件

"鬼湖"不是一个湖，是一些怪异的池塘的统称。这些怪异池塘遍布于我国云南高黎贡山的高山原始林中，池面死寂，风吹不动，就像是一汪浓浓的汁液。池塘因被密林掩映，四季都呈墨绿色，池岸上长满各色小野花，池水衬着花色，煞是好看。常来山里的当地傈僳族猎人称这些池塘为"迷人湖"。

"鬼湖"之所以"鬼"，是因为它有一种奇异的怪现象。无论是谁，只要站在湖边大声说话，本来晴朗的天，霎时就会变脸，跟着也就下起大雨来。说话的声音越大，雨也就越大；声音延续的时间越长，雨下的时间也越长。祖祖辈辈生活在高黎贡山上的傈僳族人，不理解这种怪现象，更为自己一到"鬼湖"就变成能呼风唤雨的"神人"而惊诧。

"鬼湖"的四周空气特别潮湿，像是无数的水珠凝固在湖顶，只要稍受震动就会纷纷落下。这大概就是人们能在"鬼湖"呼风唤雨的原因吧。不过，这种看法并不为气象学家所认可，所以有关"鬼湖"的怪异现象，至今仍是一个有待考察和解释的自然之谜。

香普兰湖的"湖怪"到底有没有？如果有，它又是什么？对于这些问题，目前还是一个谜，还有待于进一步调查。不过，从生意经出发，亨利港的居民可并不希望查个水落石出。这样一来，使得这个仅有1 400个居民的小城人满为患。城内几家小旅馆已远远不能满足需要，结果，湖滨的一些营地也住满了人，即使这样，还是难以应付。这里不少人都声称亲眼看到过"湖怪"。"湖怪"已经成了这个小城的吉星。1980年秋天，亨利港当局就通过一项决议，一本正经地宣布该城沿香普兰湖的布尔瓦加湾为禁区，不准"任何人以任何方式伤害、骚扰或毁灭香普兰湖怪"！

"世界末日"事件

1938年9月18日的早晨，西伯利亚的东北方还是一切如常。可是将近9点，忽然天昏地暗。到10点，老天就撒下了"夜幕"，四周漆黑一团，伸手不见五指。过了一会，从地平线上闪出一道光。可是好景不长，不一会光亮就消失了，黑暗又笼罩了大地。一直到下午1点，天际现出鱼肚白，两点，总算大亮了。

这是为什么呢？当时被这个意外事件吓呆了的人说是"世界快到末日了"。如果翻开《圣经》，那上面讲的就更玄了。《圣经》上有过类似的

记载：有一次上帝发怒了，把黑暗"赐给"了埃及。现在在梵蒂冈的博物馆里甚至还摆着据说是装着"埃及黑暗"的瓶子。

谁能想到，这个事件的真实原因竟是来自乌拉尔发生的森林大火。风把大火的烟灰吹向高空，形成了大块黑色云雾，就遮住了太阳。

1957年的夏天，风把大量的煤尘由顿巴斯带到乌克兰西部，太阳被遮挡了足有一整天。所以才造成了这一奇事的产生。所以，大千世界，无奇不有，而神奇就在莫名的巧合和偶然之间。

发怒的原来不是上帝，而是大自然中的巨人——风。

···➤➤ 历史逸闻 ◀◀···

在一切人类未解之谜及科学探索中，那些古迹或者神秘事件留下的痕迹像是作为那些神秘故事曾经存在过的证据，它们向我们昭示着这个世界太多的不可思议。无数令人费解的、林林总总的历史逸闻引人入胜，引发我们不断地幻想和猜测。

海底壁画被发现事件

陆地上有许多天然洞穴，那里面神秘幽深、形态各异的钟乳石，有的像竹笋，有的似冰挂，有的如利剑，令人流连忘返。

在大海的底部也有不少洞穴，其中有些洞穴很奇妙，有的洞中喷泉涌出，有的洞穴泛着蓝光，有的洞穴栖息着原生动物，有的洞穴成为海龟的坟地，还有的洞穴能使凶猛的鲨鱼变得异常温柔。

海底洞穴的奇妙景象吸引着人们。近些年来，欧洲兴起洞穴潜水热，尽管有人进去后因迷了路找不到出口而丧生，但人们还是带上潜水器，手持罗盘，腰拴通讯绳，头盔装

探秘海底洞穴

上聚光灯，不断地往洞里潜，去体会宇航员的感觉，去寻找新的刺激。

在法国马赛市附近的卡西斯，有一位潜水教练名叫昂利·库斯奎，10年来，他在地中海边潜水不下千次。

凭借良好的潜水技术，他也常进洞穴潜水探险。

1989 年 9 月的一个早晨，库斯奎在地中海摩休奥湾内一处崩岩脚下，发现海水下 40 米处有一个黑洞。他小心翼翼地潜入洞中，只见洞口四周长满了珊瑚和海扇。他穿着合成橡胶制造的潜水衣，身背氧气瓶，在 1 米宽的洞穴里摸索前进。他心里犯起了嘀咕：真不知道这洞有多深。

库斯奎在洞中摸索前进了约 50 米，这时洞道逐渐变宽到 2～3 米。可是洞底的细泥沙一经搅动，浑浊的海水四处弥漫，使洞穴更显得黑暗。他咬紧牙关，壮着胆子，继续前进了 150 米。30 分钟后，他的头突然露出了水面。他环视四周，发现自己是在一堵峭壁旁边，水深仅及腰际。他的眼前是一个拱形洞窟，宽约 60 米，高 2～5 米。洞壁白色、蓝色、赭色交绘，钟乳石笋石如林，还有高大的石灰岩柱。

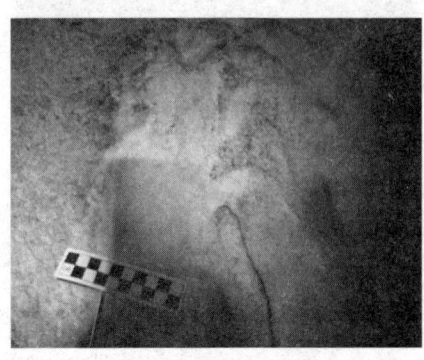

海底壁画

库斯奎想继续探索洞穴，可又担心氧气有限，想卸下潜水装备吧，又不知洞内的空气有没有毒。他知道有一种混合气体对人体有害，以前他搜寻沉船时曾领教过这种气体。尽管这样，他还是决定试一试。他毅然摘掉了呼吸面罩，吸了一小口气，暂不呼出，尝尝味道，似乎没什么问题。他又深深吸了一大口气，喉咙管没有刺痛感，头也不昏，空气是可以呼吸的。他继续往前走了一段，仍不见尽头，考虑到日后还可以再来，就退了出来。

一晃过去了 3 年，库斯奎一直忙于潜水训练学校的工作，没能抽出时间探索这个洞穴。到了 1992 年 7 月，他才委托两位潜水朋友马克和贝纳德·温埃斯宾兄弟策划入洞探秘。这两位兄弟进洞后，尽管走得比库斯奎远一点，但仍未能走到尽头。

1993 年 7 月 9 日，库斯奎终于再入洞穴，同去的还有 3 名潜水协会的会员，分别是他的 23 岁侄女桑德玲·库斯奎、27 岁的杨·苟甘和 31 岁的巴斯卡尔。他们都是潜水老手。

人多势众，他们一直往前进，浮出水面时，他们被洞内的美景迷住了，立刻用防水摄影机拍摄下来。接着，他们进入另一个洞室，站在水边上。

"我下去看看是否还有另一个洞室。"库斯奎说完就潜入水中，摸索洞壁的每一个凹处，断定再没有出口了，才浮出水面，把灯放在一块大石头上。"嘿，看！那是什么？"他惊叫起来。原来灯光照在洞壁上，赫然见到一只手的图形。

"我们必须把它摄下来，说不定那是史前的画呢？"桑德玲说。

两天后，库斯奎到照相馆去洗出了照片，发现照片上的手不止1只，而是3只。他认为，这很可能是古人画的壁画。回去后，他查阅了很多考古书籍，也没找到任何有关壁画的资料。4天后，他们4个人又潜入洞内。这次，他们携带了泛光灯、照相机、防水摄影机。果然，大获丰收。他们首先在主洞室西面水线上，看到一横排小黑马，接着又看到在对面的洞壁上也画有一匹细长的黑马。这些画是用黑炭似的东西勾画的，画面上蒙着一层半透明的方解石。

在泛光灯的照射下，他们仔细搜寻着，发现洞顶有一幅巨角黑山羊图，一幅积满方解石的雄鹿图，还有一幅是奔马图。东面的洞壁画着两头大野牛和许多手掌印，有的5指还不全，另外还画着一只猫的头部和3只企鹅。马和野牛之间还画有几只羚羊、一头海豹，还有一些怪异的几何符号。数一数，有好几十幅。他们都一一录了下来。

不过，他们决定不透露风声，尽可能多地搜集资料，然后再送到海事局评审。但是，他们几次进洞，被人看到过。有些人也仿效他们进洞探

险，因准备不足，发生了3人死亡的惨剧。这时，库斯奎决定向外界公开他们的发现。

他带上照片，大踏步地走进海事局设在马赛的办事处，向一名官员报告说他们在地中海水下发现了一处有史前壁画的洞。

这位官员有点不相信，便推托说，局里有各种表格供人填报海洋发现，什么沉船、水下陷阶、罗马帝国时期的大口罐、希腊宝物等等，但唯独没有史前遗物填报表。官员说："对不起，请你到别处去查询吧。"

库斯奎便来到了海底考古研究部。起初，一些专家也不相信。因为物证只是照片，而且法国东南部从未发现过什么洞穴壁画。库斯奎感到十分恼火。幸好有克思德和库尔丹两位专家支持他的工作。然而，法国文化部闻讯后，仍然不肯下结论，决定先派专家到现场勘察。

9月19日，海军调派的考古研究船驶到洞穴上方。船上来了些专家、蛙人，还有海军的扫雷专家。当然，库斯奎和库尔丹也来了。他们还带来不少先进的测量、照明以及摘取洞壁样品的器具。

库斯奎与一名海底专家首先潜入洞壁，把挂着灯的标志线拉好。尔后，库斯奎对库尔丹说："你看怎么样？"

"我从未见到这样的美景。"库尔丹惊叹不已。景象完全与库斯奎所

描述的一样，而且强力泛光灯还照出了先前没有见到的壁画。库尔丹揣测画上的小黑马属于旧石器时代晚期品种，法国东南部普罗旺斯曾发掘出这种马的遗骨化石。他还发现了两个完整的小壁炉。他向库斯奎祝贺说："你的发现真了不起，这是法国考古史上的重大发现，你要出名了。"

鉴定工作进行了4天。此时，再也没有人怀疑了。克思德完全相信库尔丹带回的资料。他说："马、野牛、山羊等壁画和雕刻，全都有旧石器时代的特征，甚至是按照史前艺术的惯例画出来的。例如，那时候画的野牛角和山羊角总是弯曲或半弯曲的，蹄子从来不画出来，腿总是缺掉最后一截。这说明这些画比闻名的拉斯科洞的画还要早。"

拉斯科洞壁画

克思德的初步判断，不久便得到实验室测定的证明。根据碳同位素测定，这些画已有1844万年的历史，画画的炭是用挪威松和黑松烧成的。这两种松原来在这一带沿岸生长。显微镜观察又发现采回的泥土样本里，含有当时地中海沿岸生的赤杨和花粉的化石。

这个洞显然是古人类举行仪式的地方。人类一般栖居在洞的外头。这个洞里没有工具、箭头、兽骨等遗物，证明欧洲人的祖先大概是在这里举行宗教仪式，洞壁上的画就像是今天教堂中的圣像和十字架，掌印可能是符号语言的一部分。

库斯奎的发现之所以具有重要意义，是因为它证明了法国东南部也有旧石器时代的艺术。库尔丹说："我们在考古方面因而得到了新的证据，增加了我们对那个时代历史的认识。"

世界各地的考古学家和海洋学家纷纷要求法国政府提供这方面的资料。

今天，法国考古研究所已将该洞命名为"库斯奎洞"。

探索"死亡之谷"

考古学家始自1922年的发掘表明，约5 000年前的印度河流域，曾有一座繁华的城市突然在瞬间被摧毁了。它的遗址被命名为"莫亨朱达罗"，这在印度语中即是"死亡谷地"的意思。但不少学者都以为不如称它"核死丘"更适宜些。

印度河流域哈拉帕文化

持续多年的发掘，使掩埋在厚厚土层下的史前文明古城废墟重见天日。在这里，考察人员找到了此地发生过多次猛烈爆炸的证据。爆炸中心1平方千米半径内所有建筑物都成了粉，距中心较远处发现了许多人骨架。从骨架摆放的姿势可以看出，死亡的灾难是突然降临的，人们对此毫无察觉。这些骨骼中都奇怪地含有足以与广岛、长崎核袭击死难者相比的辐射线含量。不仅如此，研究者们还惊奇地发现：这座古城焚烧后的瓦砾场，看上去极像原子弹爆炸后的广岛和长崎，地面上还残留着遭受冲击波和核辐射的痕迹。

联系到古印度诗《摩诃婆罗多》对5 000年前史实的生动描述，后人对"核死丘"的遭遇，也就可以领悟一二了：

"空中响起轰鸣，接着是一道闪电、南边天空一股火柱冲天而起，比太阳耀眼的火光把天割成两半……房屋、街道及一切生物，都被这突如其来的天火烧毁了……"

"这是一枚弹丸，却拥有整个宇宙的威力，一股赤热的烟雾与火焰，明亮如一千颗太阳，缓缓升起，光彩夺目……"

"可怕的灼热使动物倒毙，河水沸腾，鱼类等统统烫死，死亡者烧得如焚焦的树干……毛发和指甲脱落了。盘旋的鸟儿在空中被灼死，食物受染中毒……"

难怪美国"原子弹之父"奥本海默认为这部印度古代叙事诗中记载的分明是史前人类遭受核袭击的情形。

考古学家在西亚伊拉克境内的幼发拉底河谷地，也曾发现过类似南亚"核死丘"的遗迹。考古学家在这里一层层地挖下去，发现了约8000年的史前文明。在最底下的一层，挖出了类似熔合玻璃的东西。科学家最初并不知道这是什么东西，直到后来美国在内华达州核试爆场，留下了与这种完全相同的熔合玻璃的遗物。而这种"核熔玻璃"，人们已在恒河上游、德肯原始森林里以及撒哈拉沙漠、蒙古戈壁滩等地陆续发现了好多。在这些地方都分布着一些焦地废墟。有的废墟大块大块的岩石被黏合在一起，表面凸凹不平，有的城墙被晶化，光滑似玻璃，连建筑物内的石制家具表层也被玻璃化了。而造成岩石熔化需要达 2 000 摄氏度左右的高温，自然界中的火山喷发或森林大火均不能产生达到这种高温的热能，唯有原子弹爆炸才能提供如此条件。

但是也有人不同意上述说法。苏联一些科学家认为，莫亨朱达罗的毁灭，应从大自然自身找原因。他们认定这是"黑闪电"（球状闪电）作孽。苏联公共和环境卫生研究所实验室主任、化学博士德米特里耶夫对这种神奇的自然现象进行了多年研究，积累了上万种"黑闪电"的描述及其对人类造成灾害的许多事例：小至击毁电器和伤害人畜（它能把人烧得无影无踪），大至毁坏建筑物和引起森林火灾。这些恶果常被说成是外星人所为。

那么，"黑闪电"究竟是什么东西呢？据他们分析，它实际上是大气中经过太阳辐射宇宙射线和电场作用后形成的活泼化学物质，如臭氧、氧化氮、羰基化合物、碳氢化合物等等。这些物质能够浓缩，蕴藏着巨大的能量，不仅能燃烧发光，而且在大量积聚时极易发生猛烈爆炸，产生 1万 ~1.5 万度的高温。它们还能散发出有毒气体，置人于死地。不过它们在寒冷状态中能长时间不释放能量和

发光，不能轻易看见，"黑闪电"即因此而得名。"黑闪电"的种类很多，各种"黑闪电"能同时存在于自然界，轻者在空气中自由飘荡，当密度增大变重时，便降落地面，常常放出耀眼的光芒。它能长期附在地表甚至深入土层，而且在无雷雨的晴天也能光顾，因此严格说来，它并不是我们平常理解的那种闪电，用避雷针也不能制止它肆虐。

从古代一些岩画判断，人类在5000 年前，就已发现"黑闪电"。世界许多国家的文献都有记载。其中下列两次记载颇有特色：

1910 年 9 月 21 日，美国纽约有上百万居民在 3 小时内看到城市上空飘过几百个发光物（"黑闪电"）。

1984 年 9 月的一天晚上，在俄罗斯联邦乌德穆尔特自治共和国萨拉普尔地区，人们忽然发现星空明亮起来，原来是许许多多白得耀眼的球状物从高空撒落。它们不是垂直落下，而是旋转着，曲折而缓慢地飘到地面。顿时地上明亮如同白昼，20 千米外的集体农庄庄员都看到了这一奇观。当地有些输电网变压器被破坏。

1983 年 8 月 12 日，墨西哥一个天文台抢拍了第一张"黑闪电"照片，迄今这样的照片已有几百张。从照片看，它像是一个线团。

按照科学家的分析和想象，莫亨朱达罗居民是首先被短时间内大量积聚的"黑闪电"放出的毒气夺去生

命的（正因为如此，他们的遗骨没有留下受撞击的痕迹），接着，城市上空发生极其猛烈的爆炸，产生巨大的冲击波和1万多度的高温，房屋全被摧毁，死者被掩埋，地面的石头被熔化，其威力和破坏程度不亚于一次大量的热核爆炸。经过计算，莫亨朱达罗发生惨祸时，其上空可能有2 000～3 000个直径为20～30厘米的"黑闪电"。

莫亨朱达罗的爆炸并非绝无仅有的一次，在文献资料中可找到几十次类似事件。

关于莫亨朱达罗在地球上消灭的原因，上面只提到两种看法，孰是孰非，一时难以定论，也许以后会有另外更令人信服的解释。

寻找亚历山大陵墓

亚历山大大帝是古代马其顿国王腓烈特二世的儿子。他于公元前336年即位后，大举侵略东方。在短短的10余年里，东征西伐建立起东起印度河、西至尼罗河与巴尔干半岛的版图广阔的亚历山大帝国。

亚历山大曾是一位赫赫有名的英雄，但同时又是一位神秘人物。有关他的传说不可胜数。遗憾的是，他生前的一些历史记载没有留传下来，而后来的一些传抄本及书籍又众说纷纭，矛盾重重，而且带有极浓重的传

亚历山大地下陵墓

奇色彩。因此，就是在他死后2300多年的今天，这位古代伟大统帅的业绩仍令人们十分关注，迫切希望发现这位不可一世的帝王陵墓，以求从出土文物中获得一些有价值的历史证据。

1964年的一天，埃及亚历山大市的报纸发表了一则耸人听闻的消息："马其顿国王亚历山大的陵墓找到了！这是波兰考古学家们的巨大成就！"消息很快传遍了全世界。美国《纽约时报》立刻给波兰考古队发了一封电报，希望就这一伟大的发现写篇文章，并给予优厚的稿酬。各国记者也争先恐后地飞抵埃及。同时，大批旅游者的涌进使得埃及警方处于戒备状态。

可惜，消息是假的。原来发现的并不是亚历山大的陵墓，而是古罗马时期的一座剧院的遗址。那么这位著名历史人物的陵墓究竟在哪里呢？他又是怎么死的呢？

关于亚历山大的死因历来有两种传说。一是说他远征印度时在距离巴

比伦不远的地方，迎面碰上了一些精通天文和占卜的祭司，他们劝告他不要去巴比伦，否则凶多吉少。虽然他没有停止前进，但此后却变得心情阴郁。

一次，他驾驶着战舰在湖泊上游逛。突然刮来一阵风，把他的帽子吹走，掉在芦苇丛中，正好落在古亚述国王的墓上。所有的随从以及亚历山大本人都认为这是很不吉利的事。

派去追赶帽子的水手，在泅水回来时，竟大胆地把它戴在自己头上，这就更加强了不祥之感。亚历山大恼怒了，当即把这个水手杀了。不久，亚历山大身患重病。13 天后，终于在公元前 323 年 6 月的一个傍晚逝世。当了 12 年 8 个月的国王，死时才 32 岁。

这些琐事，看来只不过是一种巧合罢了。其实，大帝的死很可能是由于行军路上的艰辛，加之经过多次作战，弄得遍体伤痕，在沼泽地里又感染上了疟疾等原因造成的。

另一个传说是：亚历山大之死是因为在宴会上有人往他的酒杯里下了毒药。如果这个传说是真的，那么亚历山大就不是自然死亡，而是死于阴谋。

亚历山大死后，他的部下托勒密将军（后来成为埃及王）用灵车把他的遗体运往埃及，安葬在亚历山大城，并为他建造了一座富丽堂皇的陵墓。

托勒密一世塑像

凯撒大帝、奥古斯丁皇帝、卡拉卡尔皇帝等历史上的著名人物都曾到此陵墓朝拜过，还在亚历山大的塑像头上加上一顶金冠。可是到了公元 3 世纪，有关陵墓之事，不知为什么无声无息了。公元 642 年，阿拉伯大军攻占了亚历山大城，这里的辉煌历史陈迹使他们惊叹不已。到了 1798 年，法兰西拿破仑的军队进入亚历山大城时，这里已是一派衰落景象，城中只有 6 000 个居民了，跟随拿破仑的一些学者还看见不少古建筑的废墟。19 世纪初，这里开始修建海港，古老的建筑遗址成了采石场，有许多遗迹被深埋在地下。亚历山大城很快成为地中海上一个重要的贸易中心，可是历史陈迹却荡然无存了。

按古希腊的习俗，创建城市的国王，在他死后一般都要埋葬在城市中心。因而有的考古学家分析认为，陵墓很有可能在位于城市东部的皇宫区。也有人认为，陵墓应在两条街道的交叉点上。

近年来，波兰考古学家玛丽亚·贝尔纳德对当地出土的古陵灯，进行了一番研究后发现，古人在制作用灯时，在上边绘制了古代亚历山大城的模型，因此她对陵墓的位置做了一个有趣的推测，她认为在模型内的许多建筑物之中，有一个圆锥形的建筑物，可能就是亚历山大的陵墓。因为，奥古斯丁皇帝的陵墓是尖顶圆锥形建筑，这种墓形很有可能就是在仿造亚历山大陵墓。

英国人维斯曾对托勒密王朝的墓地，进行过分析研究，认为这些陵墓

腓烈特二世画像

应当同亚历山大陵墓相像。他想象亚历山大的棺木是安放在一座宏伟的庙宇里，周围是一些圆柱，墓里一定有许多稀奇精美的物品。墓内还可能保存着从埃及各地庙宇送来的经书。20世纪70年代，一个惊人的发现大体上证实了这些猜想：专门研究古代马其顿历史的考古学家安得罗尼克斯发现了亚历山大的父亲——腓烈特二世的陵墓。

大殿中央停放着高大的大理石石棺，上面设有镶着宝石的、沉重的金质瓶状墓饰。国王的遗骨就在其中，周围是一些珠宝金器、王权标志、战盔等物，发着光。

其中有五个用象牙雕刻的雕像，制作得相当精美，特别引人注目。这五个雕像是国王的一家：腓烈特二世本人、他的妻子、儿子亚历山大和国王的父母。这个发现在考古界引起了轰动，被认为是20世纪考古中最伟大的发现。

惊喜之余，人们不禁要问：腓烈特二世国王的陵墓尚能找到，难道他儿子的陵墓就不能寻觅？但事实毕竟是事实，亚历山大陵墓的确令人难以揣测，一直没有任何线索。

谁能解开这个陵墓之谜？人们耐心地期待着。如果一旦解开，很可能会发掘出当时许多民族的文化艺术珍品，以及大量的历史资料，这对考古学将是一个多么巨大的贡献呀！

德国小人国记闻

想必，我们每一个人小的时候都读过关于小人国的童话故事，而今天看来这是真真切切的现实，已不再是童话。

1997年暑假期间，德国3名大学生埃伦斯、卡尔和盖伯特沿着绵延100多千米的德国图林根大山林的山疹游览。埃伦斯说："我们走遍了我们所能去的一切地方，我们打算去当时曾发现一个洞穴的那个地方"

这个洞穴乍看上去像是个野兽的巢穴——不知是狐狸窝，还是獾的巢穴。走近仔细一看，原来是有人在那坚硬的岩石上凿出的洞。这个洞口是在一个倾斜的岩石上凿出来的，显得里面黑乎乎的。从洞口周围的状况判断，这里曾坍塌过。

卡尔开玩笑地说："这不是别的，可能是小侏儒人凿出的洞穴。"

埃伦斯接着建议："我们应当顺藤摸瓜，展开一次有意义的考古挖掘活动。这是一个很了不起的主见！"

于是，大学生们热火朝天地干起来。他们从洞穴里挖出约100千克土，有一半是石块。然而，挖掘的结果远远超出他们最大胆的预想，他们终究碰上了小人国——侏儒人的故乡。

在现场，大学生们挖掘出散落不全的12块侏儒人的骨骼，还有另外两个完整无缺的侏儒人的骨架。按照这些骨骼的大小尺寸和比例来判断，它们是目前世界上最矮小种族的骨骼，而且是成人骨骼，骨架长约70厘米。至关重要的发现还有，在这两个矮小人种遗骨的旁边还放着一把长满锈的铁制的丁字镐，它完全是今天的劳动工具。

"当我们看到这些具有重要考古价值的新发现时，简直惊呆了！"大学生们激动不已地说。

大学生们推断，这实际上是个现代侏儒人的洞穴，这两个侏儒人的骨骼是正在进行采石作业的雇工，在发生塌方事故时被埋在土层下面的。

专家们对此的观点却众说纷纭，莫衷一是。

人类学家施·马克认为，这完全是荒唐胡闹，虚假伪造，这是大学生在寻开心解闷："我也曾经是个大学生，我在学生时代也曾认为，如果不让人们的耳朵塞满那些离奇古怪的新闻，假期就白过了。"

病理解剖学家安·格雷特认为，这些侏儒人骨骼确是真的，那么这些侏儒人现在还存在吗？目前，科学上对这些矮小人种的变异还尚不清楚。

历史学家马·奥托认为，一切并非那么简单。他对发掘出的那丁字镐进行的详细研究和分析表明，制造丁字镐所用的铁已有1 000多年历史。由此看来，3个大学生的考古新发掘一下子成了轰动世界的新发现。

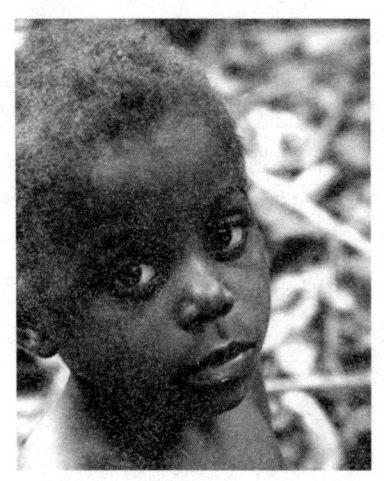

俾格米人

考古学家认为，当然，也有可能，丁字镐或许是古代的儿童玩具。那么另外还有随其一同出土的侏儒人的骨骼又该作何解释？难道这样的巧合事件不是太多了吗？

民间作品收藏家格·乌尔苏拉提醒说："不加分析地把这3件出土新发现视为臆造和杜撰，简直是对与'官方'科学观点有分歧的新事物的一种扼杀，然而，这种态度势必将科学引向'死胡同'。"

最好应当回忆一下，古时候居住过图林根山林部族的这些地方，同民间传说中的侏儒山民有着密切联系。为什么不这样去推断呢？这里曾居住过跟非洲侏儒人部族——俾格米人相像的人，这些人虽然个头矮小，他们却被吸引着掌握了采矿技艺去山里开矿。

事实上，也有人毫不怀疑这种侏儒人的现实存在。那么，这些目前世界上最矮小的人种，其现状又如何呢？护林员鲍·甘斯耸了耸肩说："这些小侏儒人现在就生活在我们边区。最好是少提他们为佳，因为，这些侏儒人狡猾怪僻，当有人惊扰他们时，他们就无法忍受。要知道，这些侏儒人受过法师的法术所传。如果他们受到欺辱，则意味着他们的祖先的安宁受到骚扰。我看，大学生们的挖掘算是枉费心机了，因为当今小人国就与我们为邻。如果大学生们的出土新发掘还在那里的话，我绝对不会对其感到丝毫的惊讶。"

神奇百慕大三角之旅

1950年，一条名为桑德拉号，长350英尺的货船从迈阿密开往萨瓦那，船上装有300吨运往委内瑞拉卡贝略港的农药。桑德拉号离开了乔治亚港，充满信心地向南美洲驶去。当它出港的时候，大西洋的海水被它翻起了一道道波浪。这就是人们看见它的最后一眼，从此连它的一点痕迹也没有被发现过。

上面这一段就是阿迪肯特·托马斯·杰弗里描写的一艘货船在百慕大三角神秘失踪的情形。

通常百慕大三角的范围是从百慕大到迈阿密，从迈阿密到波多黎各，然后回到百慕大所连成的三角形。整个区域有 400 000 平方英里，也被称为"魔三角"、"厄运海"、"魔海"和"失踪之地"。一个辽阔的海域加上众多岛屿之所以被起上这类不祥的诨名，显然就是因为在这里有许多船只和飞机，包括人员，都会无缘无故地失踪而不留下任何痕迹；无人驾驶的鬼船飘来忽去，奇怪的光和反常的雾时而出现，罗盘狂转不停，无线电则收发失灵。

这样的事情确实带有超自然的味道。许多作家有意地把这些事归于磁场、其他量纲、时间绕曲、凶恶漩涡的作用，或说成是外太空人把他们的势力强加在这一神秘海域上。只有在这些船只飞机失踪而没有得到任何符合逻辑和确实的解释时，这些稀奇古怪的解释才能被接受。问题是，在这里究竟发生了什么特殊的事情，使三角区得到如此的名声？

在杂志和书籍出现有关倒运的第19飞行中队的报导后，百慕大三角才开始获得了它的名声。第19飞行中队当时是执行一项训练任务，由5架复仇式鱼雷轰炸机和14名机组人员组成。这5架飞机于1945年12月5日下午，从劳德代尔堡海军机场起飞，任务是飞一个三角形航线：向正东方向飞行160英里，过巴哈马群岛，接着向北飞行40英里，然后沿三角形的另一边飞120英里返回基地。

天气非常的好，飞行员都是有经验的，预计2小时左右便可返回基地。但他们没有回来。在5架复仇式飞机到达第2条线终点，即向北飞行时，地面收到了从飞行领队泰勒中尉那里发来的一系列不可思议的无线电报。他报告基地，他迷航了，看不见陆地。他和飞行员们都不能确定哪个方向是西，飞机上的罗盘看来是在乱指方向。静电干扰着通话。这时飞行员们的声音都变得非常恐慌。他们说，海洋看上去很"怪"。在他们最后的通话中有一条说："我们进入了白色水域。"这以后，便是一片寂静。

几分钟之内，一架马丁式海上搜索机载着13名机组人员立即被派出寻找第19飞行中队。简直是不能让人相信，这架飞机也失踪了。第二天早晨，许多船只和飞机都在搜寻失踪的6架飞机和27个机组人员，但一直没有发现任何线索。

对许多人来说，这事没有一个符合逻辑的解释。即使飞机被迫降落在水面上，飞行员也都备有可充气的救生筏，而且他们都受过水面迫降的训练，所以，应该能发现一些残骸。一定是发生了某种不同寻常的、超乎自然原因的事。这5架遭受厄运的巡航机上发来的最后一次通话中，似乎证明确实发生过一些古怪的事情，根据是，飞行员在大好的天气情况下迷航（难道他们不能看见西边的太阳？），罗盘乱转，不能看见陆地，还有，可能是关键的一条，就是通话中莫名其妙地提到的什么奇怪的海洋和"白色水域"。这几架飞机和机组人员会不会进入了另一种世界？他们会不会遭到UFO的绑架？还有，那架马丁式营救飞机又是怎么回事？这第6架飞机竟也失踪在差不多同一时间和同一空域，不是太不可思议了吗？人们作了广泛的推测，各种新奇的学说也都出笼了。

百慕大三角船只失踪模拟图

其他船只和飞机怎样呢？是否其他的失踪也是在同样神秘的情况下发生的？有些作者感到奇怪并开始钻研这些事情，对他们来说，答案就是所有的失踪是在同样情况下发生的。有个作者叫文森特·加迪斯，在他所写的《不可见的地平线》一书中，他把这一海域叫做"百慕大三角"，以后这名字就定下来了。传说也就此诞生。

研究三角区失踪情况的人很快就发现了美国船"独眼"号的谜案和鬼船"拉达荷马"号的情况，这两条船都是百慕大三角区里的著名神秘

失踪案主角，并且在日期上都早于第19飞行中队事件。

美国船"独眼"号是一个拥有309名船员，542英尺长的大船。这么大的船，又有经验丰富的船员，怎么会失踪呢？但确实是失踪了。事情发生在1918年3月，"独眼"号载着锰矿砂在从巴西到弗吉尼亚的诺福克途中失踪了，据说当时天气很好。事情发生在战争期间，但战后翻阅德国记录证明，没有潜艇在当时"独眼"号所走过的航线上作过战。再说这条大船装有无线电设备，能有什么事情发生得如此突然，连一个"SOS"急救信号都发不出？自那以后，任何残骸，甚至连一件救生衣也未被发现过。

一条船在众人目睹之下沉入大海，可几天之后又被发现，而且在没有一个水手的情况下独自航行，这可能吗？据说"拉达荷马"号就是这样。1935年8月纵帆船"拉达荷马"号上的水手被一条意大利船"莱克斯"号救起，他们眼看着这条船被波浪渐渐吞没。但5天之后，"阿兹台克"号上的水手却发现了"拉达荷马"号，并且登上了这条船。一条船沉了怎么可能又复活呢？

在第19飞行中队失踪之后的年月里，船只、飞机陆续失踪，像1946年出现的另一条鬼船"城美"号，1948年失踪的英国飞机"星虎"号，和事隔一年后又告失踪的"星虎"

号的同类机"星气"号等。失踪船只、飞机的名单继续加长，直到60年代和70年代，就出了这样一本书，封面声称："不止1000人，超过100只船和飞机都无影无踪地被吞没在这一海域！"

百慕大三角区的这些失踪不是属于自然界的原因，也不是人们的失误。这些作者着重以下6点：

1. 百慕大三角的失踪率异常地高；

2. 所有的失踪都发生在百慕大三角范围内或很接近这一区域；

3. 失事时的天气几乎总是很好或特好；

4. 很少船只和飞机在他们临近失踪前发出过任何处境困难的信号；

5. 尽管加强空中海上对失踪船只的搜寻，仍旧没有发现一点痕迹和线索能够解释他们的失踪；

6. 在三角区内有磁力使罗盘和无线电失灵。世界上有两个地区，罗盘不指向磁北，而是指向北极，三角区是其中之一。

人们经常提到的所谓失踪发生时天气总是好的这种说法，多半并不正确。劳伦斯·库舍查阅了当时报纸对在百慕大三角区发生的许多失踪所作的报道，发现天气常常是一个主要的因素。但三角区的信徒们却偏偏不是避而不谈天气，就是明知不好却故意说好。

我们把旋风、阵风以及狂风恶浪

百慕大三角，被称为"最接近死亡的魔鬼海域"和"幽深的蓝色墓穴"

暴雨都看作为坏天气。

让我们看一看斯宾塞先生在他的一本有趣的书《失踪之地》中的描述：

"失踪之地"和世界上其他神秘海域的主要不同，就在于这一区域不仅船只被吞没，同时飞机也一样失踪，而且远远超出了偶然的范围。

我们不知道他是怎么来确定仅属于"偶然范围"的失踪数字，而且也不知这数字具体是多少。用硬币、纸牌和骰子来计算几率是相当容易的。例如抛一枚硬币，就可以有50%的机会使它正面向上，因为它一共只有两面。但在推测百慕大三角区的船只和飞机究竟是否有失事可能时，问题就复杂得多，需要考虑到许多方面，如进入和离开三角区飞机、船只的数字，他们的型号及状况、人员的技能、天气、时间以及失踪后进行搜索的时间长短和规模大小等。

因而，为了精确说出在百慕大三角区失踪的所谓异常或"远远超出偶然范围"的数字，就需要得到多种复杂的数据。

为什么要把 1973 年 3 月失踪的"安尼塔"号看成是一个神秘的事件？与此同时，另一条型号相同的船"仿北欧人"号也沉入大海，只有一名水手幸免。"鬼船""康尼马拉四世"号在 1955 年 9 月 26 日被发现时，正漂流在百慕大东南方，船上没有一人。神秘吗？可能是的，但这条游艇正位于伊翁那飓风所过的路线上，风速达到了 290 千米/时，浪高12 米。最后还要注意一点：失踪事件多数集中在暴风雨频繁的冬季。

至于飞机，我们可以把一位空军少校对我们讲的一个故事在这里转述一下。几年前他的飞机在飞行中失去了一个螺旋桨，这个脱落的螺旋桨像圆锯一样穿过机身，从另一边出来，又损坏了另一个引擎，液压管和电线都被切断，使几乎所有的控制失灵。整个事件都是在约 3 秒钟内发生的，仅仅 3 秒钟，一架运转正常的飞机就变成了一个几乎分成两半的飞机，失去全部控制和两部引擎。

最后一点，是谁也没有提到过的，就是人的本性——船长和他的船员的自尊心。难道一位船长愿意向海岸警卫队报告，他连自己所在的位置都不知道吗？在面临狂风恶浪或其他紧急情况时，一位船长和他的船员难道心甘情愿承认，他们对发生的事对付不了吗？我们有理由相信，在某些情况下是强烈的自尊心使他们没有及时发出求救信号，以致延误了时机。

总之，我们认为，缺乏通讯联系导致失事，要比用超自然影响来解释更合情理一些。

诺夫哥罗德事件

这个奇迹发生在很久以前，当时的诺夫哥罗德城还是一个独立的俄罗斯国家一封建共和政体，它的名字叫"诺夫哥罗德公国"。从这一奇迹所引起史学家们的重视程度来看，它是诺夫哥罗德城历史上的一个重大事件。要知道，这件事涉及一位在教阶中占据显著地位的人物——主教呢。况且，这位名叫约翰的主教，直接参与诺夫哥罗德城的行政管理工作——由他主持该城举行的重大会议。

他到底发生了什么事情呢？

出事的那年，对诺夫哥罗德城的居民来说是很困难的一年：起初，干旱无雨，禾苗枯死，紧接着便是可怕的饥荒！人们纷纷指责这位主教，说都是因为他的罪恶，上帝才降祸于全城。他的罪恶似乎还不小呢！传闻，约翰主教违背自己的身份，十分好色。开始，人们想将他淹死；后来，又决定将他驱逐出这座城池。于是，人们将这位好色的主教押上木筏，送

俄罗斯老城诺夫哥罗德风景

到沃尔霍夫河的中央，让他顺流而去。可是木筏却没有顺流而下，而是逆流而上了！大家可以想象，笃信上帝的诺夫哥罗德城里的居民们会有多么惊讶！当然，编年史的编纂者们会解释说，这里所发生的一切都是上帝的旨意。上帝用这种方法来谴责那些企图加害神职人员的人们。

这究竟是怎么一回事呢？

这件事情真令人困惑不解。因为河水倒流，这还是有史以来的第一次。更使人怀疑的是，城里竟没有一个人知道这是怎么回事。其实，要确定这是怎么回事，根本就用不着什么科学方法，只要平时留心观察就足够了。大河小川暂时改变流向的事并非罕见，例如，在春汛的日子里，某些平原上的河流，因支流水量过大而泛滥时，河水就可能出现倒流的现象。在这种情况下，支流里涌出来的大量洪水，可以使河流中断和水位上升，于是便会形成河水倒灌。在苏联的苏霍纳河和普里皮亚特河上就曾出现过几次河水倒流的事。

相反，在春汛季节里，当一条大河"锁住"它的支流时，那些支流就停止不前或溢出河床，于是出现倒流现象。

请看下列事实：希腊有一条叫阿沃尔的小河，它是定期改变流向的——当涨潮或退潮时，它的流向也随之各异，它对水位起着调节作用。

而沃尔霍夫河上发生的奇迹，竟是如此简单：实际上，沃尔霍夫河只不过是连接着伊尔门湖和拉多加湖的天然运河而已。它的水量极其丰富，并且稍有所倾斜。在诺夫哥罗德奇迹出现的年代里，它的上游正值干旱的夏季，所以伊乐门湖里的水位在下降，而处于下游的拉多加湖则雨水充裕。因此，沃尔霍夫河水出现倒流现象也就不足为奇了。

斯维特洛雅尔湖传说

斯维特洛雅尔湖，是高尔基省的一个不大的森林湖泊，但它很早以前就吸引了那些醉心于揭示大自然奥秘的人们。

相传，在兵荒马乱的年代——当

金帐汗国拔都的军队侵入俄罗斯以后，长驱直入地来到了弗拉基米尔—苏兹达尔公国，所到之处的人们被杀尽赶绝。在这儿，他们遭到了俄罗斯军队的顽强抵抗。

双方的军事力量悬殊。在小基捷日城（今天的戈罗杰茨）附近的一次血战中，尤里·弗谢沃洛多维奇大公的军队被打得溃不成军，死伤惨重；他率领少数残兵败将躲到伏尔加河对岸去了。早在蒙古人入侵以前，他就在这儿茂密的森林里，在斯维特洛雅尔湖畔，修建好了一座坚固的城堡——大基捷日城。

拔都攻占了小基捷日城以后，把没来得及逃走的居民都集合起来，严刑拷打，要他们供出弗谢沃洛多维奇大公的去向。在重刑逼供之下，其中有个叫格里什卡·库捷里马的人说出了逃亡士兵的所在，并给蒙古人指出了去大基捷日城的林中通道。没过几天，侵略者的铁骑便兵临城下了。

又是一场天昏地暗的恶战！尤里大公英勇牺牲了，但拔都的军队却始终未能占领该城！似乎老天睁眼要为死者报仇，短短的时间内竟出现了如下耸人听闻的奇迹：大基捷日城连房屋带人通通"藏"到地底下去了！原来是城堡的地方，现在却变成了一片大水与森林。

传说中断言，大基捷日城至今仍存在着。如果走运，今天您还会在斯维特洛雅尔湖里看到这座美丽城市的影像；您要是将耳朵紧贴着地面谛听时，还会听到这座湖底城中发出的奇怪钟声呢。

真是个美好动听的神话故事啊！多少年来，它鼓舞着俄罗斯许许多多的画家、音乐家和作家，使他们先后创作出了一系列关于"看不见的城市"的动人作品来。不过，当代人更感兴趣的倒是另外一种东西：这个动听传说是否基于某个真实事件之上呢？

许多学者都曾研究过上述传说。现在，虽然还不能说它的谜底已经被揭开，但其中的不少秘密已经弄清楚了。"我们可以做如下推断：过去某个时候，因山崩地裂使一个不大的古代俄罗斯城堡埋入了地底下；后来，这儿又变成了一个湖泊。而民间传说则以丰富的想象力，使这个自然现象变得活灵活现了。"

神奇庞培城之谜

一个人躺在铺着圆石子的街上，手里紧握着一把金币。那些钱究竟是他偷来的，还是他的积蓄，现在已无法考查了。不管金币的来历如何，他注定要抓住那些金币深埋在一层层的火山灰和火山岩下，经过1 500多年，直到18世纪才能重见天日。

他是庞培城的市民。庞培是富裕的罗马人在那不勒斯湾附近的避暑胜

庞培城遗址1

地，公元79年8月24日，维苏威火山忽然爆发。把整个庞培城埋葬了，把它当时的原状一直保存下来。

店铺老板正拉下百叶窗准备吃午饭；女孩子聚在街角的一处喷泉旁边聊天；一位面包师傅刚把81个面包放进烤箱去；酒馆里，一位顾客刚刚付钱买酒。这时突然发生地震。

酒吧的女侍应生还没有把钱收起。面包仍然在烤箱里，现在还可以在那不勒斯一间博物馆里看到已经烧得松脆的那些面包。

大部分居民都立即逃走，因为地震是危险的前兆。但有些人事务缠身，难以逃出。

挖掘出来的人，有一群肃穆地坐在一位朋友的葬礼筵席上。另有些人正在掘地下埋藏的细软，结果自己也埋入地下。有些人藏身屋内。更有很多人正把行李装上车辆准备逃走，但都被困在庞培城狭小的城门口。

28小时后维苏威火山平静下来，庞培城已被火山岩埋在6米以下，2万居民中2千名死亡。

经过几世纪，庞培城和那次惨剧差不多都已被遗忘。一直到了1748年，那不勒斯国王御前工程师艾克华尔奉命出发勘查一条150年前所凿均萨诺河引水隧道时，才重被发现。

很凑巧，他掘下的第一个穴，恰好是庞培城商业区的遗址，他发现一幅鲜艳壁画，还有那握着金币的尸体。于是艾克华尔就继续掘下去。当时他并没有意思考古。

1763年，一位德国补鞋匠的儿子约翰·温克曼对庞培城的秘密早已神往。但管理遗址的那些趾高气扬的官员不准他入内参观。温克曼一面继续研究出土文物，一面贿赂了一位工头，终于获准进入遗址参观。凭苦学得来的学问，他从杂乱零碎的遗迹中，整理出这个古罗马海滨胜地前后600年的生活实录。可惜温克曼于1768年在的里雅斯德港被一位偶然结识的朋友谋杀。

庞培城遗址2

一个世纪后，一位意大利考古学

家费奥莱利才按照目前考古采用的缓进科学发掘原则，逐屋逐街进行，以保证不会有遗漏。

庞培城尚有五分之二未被掘出。仍然深埋在火山岩内的未发掘部分，可能比掘出部分更令人惊奇。

一切皆因维苏威山而起。数年前的人们谁也不认为维苏威竟是一座火山；人们都在想，它不过是一座普普通通的山罢了。不错，这座山是有点儿奇怪——山顶并不尖，好像有谁用巨型大刀切削过似的——这是从远处看时的景象。当你走近它附近时，看到的却是另一副模样——山顶一点儿也没有被"切掉"，而是似乎有谁用强有力的巨手将其顶部压进去了一些，形成了一个圆圆的小盆地。盆地的四壁陡直，但底部却是平坦的。现在，盆地底部生长着树木杂草。

今天，没有人再怀疑它不是老火山口了。

维苏威火山突然爆发是人们没有预料到的。那是8月里的一天，只见该山上空出现了不同寻常的云彩——呈现出高大的柱状，并且不断地向高伸展着；后来，圆柱形的云彩向四周扩散，变成了像该地区生长的伞形松那样的形状。

当大地开始轰鸣、颤抖和房屋开始倒塌时，人们慌乱一团，不知所措。顿时，白天变成了"黑夜"——乌云遮住了太阳，伸手不见五指，天上下着密集而炽热的火山灰，不

断掉下来黑乎乎的、滚烫的和布满裂纹的石块。这里的海水突然不知去向，附近的海底裸露出来！维苏威火山喷出的火舌舔着黑洞洞的天空，山坡上流淌着火红的"河流"，在漆黑的"夜间"，它映红了附近的山山水水。

维苏威山火山爆发

下面是这场灾难的目睹者——小普里尼（古罗马著名的历史学家老普里尼的侄儿；在火山爆发的那天，老普里尼不幸遇难）的一段描述：

"我们看见大海在塌陷"，小普里尼写道，"大地在抖动，好像天要塌下来似的。海岸向前扩展着，许多海洋动物被留在裸露的沙滩上。可怕的乌云中火光闪闪，巨大的火光间忽分成数条长长的火带，就像闪电一般，只是光带要比闪电宽大得多。

"开始落火山灰了，起初是稀疏的。我回头一望，只见一股像水流似的黑东西从后边涌过来。'咱们赶快回避一下吧！'我喊道，'趁现在还能看得见，可别让这个不速之客把咱们踩死在这条路上。'我刚刚做出这个决定，眼前立刻就变成一片黑暗了，这种黑暗不像是没有月亮的夜晚，也不像是乌云遮天的夜晚，而是像房屋里突然熄灯后的那种黑暗！到处是妇女们的号啕声、孩子们的尖叫声和男人们的呼喊声。有的在叫自己的亲人，有的在呼儿唤女，有的夫妻互相呼答，一个个都竭力想在嘈杂的呼喊声中辨认出自己的亲人在哪儿。有人为死亡临头而悲号，有人因亲人死亡而哀恸。一些人在死亡面前惊恐而虔诚地祈求上帝保佑，但大多数人确信，再不会有上帝了，世界从此将出现一个永远的黑夜。

"天色稍有些亮起来，但我们觉得这不像是黎明的曙光，而是有大火逼近了！火流在远远的地方停下来，于是黑幕又降临了：火山灰好像下雨似地纷纷落下来。我们不得不随时抖掉落在身上的灰尘，要不准得被它掩埋掉。

"终于，黑幕开始消散，变得有点儿像烟或雾，不一会儿就恢复了白天的景象，甚至可说是阳光灿烂呢；不过，阳光呈现出淡黄色，而且不透明，就像发生了日蚀似的。幸存者们心有余悸，甚至认不出昔日的家园来

了——一切都被火山灰深深地掩埋了，就像天上突然下了一场奇怪的雪。"

当火山爆发停止以后，展现在幸存者面前的是一个非常可怕的场面：位于维苏威火山脚下的庞培城变成了一片废墟，庞培、赫鸠娄尼恩、斯达比亚和奥普龙蒂等四座城池通通被火山灰掩埋着，到处流着肮脏的污水。大量火山灰和尘埃一直飘到罗马，飘到了埃及和叙利亚等地。

过了 17 个世纪以后，科学家们从火山灰底下将庞培城挖掘出来，这座古城又出现在世界上。火山毁灭了这里的居民，但有许多房屋、日用品和艺术品却保存下来。科学家们在这里找到了一些石化了的食物，它使人们可以从中了解古罗马人的饮食状况。

亚特兰蒂斯传说

传说是一个非历史的、无可考证的、从古时候靠口头流传下来的故事，但却被人们当做了历史的一部分。我们大致上也同意，许多传说是有某些事实基础的。虽然如此，一个故事流传的时间越长，夸张、歪曲和添枝加叶的可能性就越大。这种情况在印刷术发明之前大概就是格外严重的了。

关于亚特兰蒂斯传说的主要内容

是大多数人都知道的，本文的目的就是要看看这传说能否经得起符合逻辑的推敲。同样，我们也要把一些现代亚特兰蒂斯拥护者的见解和理论拿出来作一番考察。

12 000 年前，大西洋不仅是一片浩瀚的海洋，而且有一个巨大的岛屿或者大陆崛起其中，它从直布罗陀海峡的西面一直延伸到加勒比海附近。这是一个地形多样的国家：崎岖的山岭，辽阔的平原，还有河谷；土地肥沃而且矿物资源丰富。在这块大陆上还发展着一种先进的文化。亚特兰蒂斯人建筑道路、堡垒以及宏大的庙宇和宫殿。在亚特兰蒂斯海岸的码头和港口中停泊着相当大的船队，他们与许多民族有着兴旺的贸易往来，特别与地中海沿岸的国家有密切联系。

扩张是亚特兰蒂斯人的抱负，所以后来就导致了征服地中海国家的战争。亚特兰蒂斯的武装部队特别遭到雅典人的猛烈回击。这是一场消耗实力的战争，雅典人的同盟国一个个地败亡了；但正当战争结局尚未分明，而雅典又处于独木难支的境地时，大地却遭到了一场灾变：强烈的地震发生了。地面塌陷，巨大的海浪席卷整个世界。不仅雅典人是这场灾难的牺牲品，亚特兰蒂斯大陆也一样。根据传说，亚特兰蒂斯在一天一夜之间就沉入了大西洋。我们今天看见的岛屿，像亚速尔群岛和加那利群岛，就是从前亚特兰蒂斯的山峰，只有它们突兀在大西洋的海面上。

柏拉图

第一个讲上面这个故事的人是希腊哲学家柏拉图，他生于公元前429年，死于公元前347年。在他的两本对话体著作中描写了亚特兰蒂斯，一本是《第梅乌斯》，另一本是《克里蒂亚斯》。后者一直没有完成。在柏拉图70～79岁的几年里，他的注意力显然集中在其他写作上，所以在他去世前就没有能完成这本书。他死时是80岁。当然，他可能已决定放弃这个计划，并且不再打算完成它。

柏拉图从不使自己介入文章的对话，他的想法是借别人的口说出来的，这当中有许多是他的同代人，其中最受宠的一个代言人就是苏格拉底。尽管柏拉图可能想逃避责任，所以才伪托他人，但他几乎总是通过这种对话来表达对真理和正义的热爱。

不过柏拉图时代的人们仍抱怨说，是柏拉图"把话硬塞在他们的嘴里"。柏拉图确实极力主张，国王和统治者们在对人民有益的情况下，应该说"高尚的谎言"。

可以说，柏拉图多半不会故意说谎话来伤害某人或为了其他什么不可告人的目的。这一点从他的写作原则中可以推断出来。然而为了表达一个观点，他仍会毫不犹豫地进行虚构。例如，在《共和国》一书里，他就说了不少隐喻。但在这里，他明说他是在"虚构"。至于亚特兰蒂斯，他却通过克里蒂亚斯来宣称这事是真有来历的。

根据克里蒂亚斯叙述的亚特兰蒂斯故事，柏拉图祖上有一个名叫梭伦的人，他旅行去埃及，在那里遇到了一位埃及的老祭司。这位祭司看到梭伦不知道自己国家过去的历史而感到很有兴趣。于是他便把雅典人抗击亚特兰蒂斯人的强大军事力量的英雄行为详细地描述了一番。这种说法不仅仅使希腊人感到得意，更重要的是，当时的雅典人还以为他们自己就是柏拉图那神话式的共和国中一切理想的化身。有历史证据表明，柏拉图是打算把雅典和亚特兰蒂斯之间的战争作为他那更理论性的《共和国》的续集。

柏拉图到底有什么意图？他创作亚特兰蒂斯的故事是故意为了骗人吗？似乎不像是这样。如果他不是胡乱骗人，那么剩下的可能性就是很有限的了。第一种可能是，柏拉图的亚特兰蒂斯是空想出来的，但是由于疏忽，忘记了强调他的叙述纯属幻想。但由于柏拉图曾明确表示亚特兰蒂斯是"真有来历"，这个可能性就又不大了。第二，柏拉图确信亚特兰蒂斯的存在，而且历史上确有一个亚特兰蒂斯在 9 000 年前沉入大西洋。当然，也有可能是柏拉图确信亚特兰蒂斯的存在，虽然这仍不是事实。第三，柏拉图从他那时代的传说中提取素材以创作自己的传说，利用历史上发生过的洪水、陆沉等零星材料提出自己的政治和哲学主张，所以亚特兰蒂斯的故事就成为他手里的工具。让我们来检查一下这些可能性。

亚特兰蒂斯是否存在的设想

让我们假设，12 000 年前在大西洋存在着一个幅员广大的大陆。而且，让我们假定（像我们听到的一样）这块大陆上存在着一个先进的文化，不但人口众多，而且兴旺发达，和其他国家有广泛的贸易往来和征伐战争。同时，也让我们接受这另一个假设，即亚特兰蒂斯是在 12 000 年前因灾变而沉没的。

但我们应当注意到，这些假设都涉及地质学和考古学。从地质方面说，如果从前存在过大陆，如果这大陆因灾变而沉没，那么在北大西洋海底应当有相应的沉积物、地形及杂物作为证明。从考古方面说，也应当有相应的人工制品，并可从其性质、分布和耐用程度等角度作出判断。同时，也应该能找到有关语言、文字，以及哲学、思想、生活方式等属于文化范畴的考古资料。

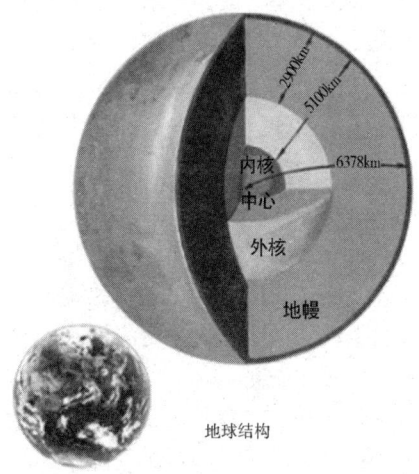

地球结构

地球结构

地质学者集中研究地球外层地壳的性质，其中的岩石生成，地球表面与内部的变化对地形的影响等，已经有200多年历史。由于积累了成千上万的观察资料，再加上日益进步的技术，对地球表面和海洋深处的考察也就有了丰硕的成果。尽管地质学者极愿承认这方面尚有未知领域——他们在地球历史方面的知识几乎有50亿年的空白——但也必须指出，到目前为止，所收集的资料对于一个年轻的学科来说已是相当丰富，因为在柏拉图的时代，地质学只是初具规模

而已。

地质资料表明，地壳厚度不超过20～40英里，包括6或7个弓形板块。按现代的理论来说，这些板块能够不受约束单独移动，导致大陆漂移。大陆就附着在这些板块上，前者由较轻的岩石构成，后者则是密度较大的物质。目前的大陆，毫无例外，主要都是由一种叫花岗岩的轻岩石构成的。花岗岩的大陆能缓慢上升和下降。大陆就像漂流的木筏，根据载重情况，可在水中上下浮沉。我们所说的缓慢，不是指在一天一夜之间（像柏拉图描写的那样）上升或下降，甚至不是在几千年间，而应是在几亿年间发生。在地球存在的50亿年间，大陆缓慢下降，并且曾被多次淹没，证明便是这一层一层缓慢积累起来的海底沉积物，它们现在成为大陆的表面。但海水吞没下沉的大陆并不是那么容易察觉的，所以如果人们生活在海水吞没大陆期间时，他们多半不会注意到这个现象，别说一个人的一生，甚至几代人时间都看不出变化来。

地质学者从没有发现任何证据表明在过去的地质年代，整片大陆曾以惊人的速度陷进一个密度更大的下层岩质内。这就完全违反了自然界的规律：等于是把一块奶油蛋糕压进一块密度大而硬的太妃糖中去，好像太妃糖会被这蛋糕挤开一样。

但是，假设中的亚特兰蒂斯下沉

的时间——12 000 年前——却并不能用来说明远古的地质事件。地质时代是以亿年来衡量的，尽管许多地质学者确实在研究目前和晚近的地质活动过程，但这是为了更好了解发生在远古时代的地质事件，而在那时，根本谈不上人类的存在。像亚特兰蒂斯沉没这样的地质活动，只是一个地质上的"昨天"而已。

亚特兰蒂斯

假设大西洋中有一片大陆在 12 000 年前因灾变下沉，那么作为一个地质学者，应该寻求什么样的证据呢？这样大的变动会对世界上的海岸线产生巨大的影响，因为大陆的突然下沉会造成巨浪，甚至冲向遥远的海岸，世界范围的海平面确实会在一夜之间上升。这就像是把一大块物体浸入在一个盛满了水的盆里一样。地质学者深入细致地研究了全世界的海岸线，结果并没有发现任何这样突然的灾变性变化。由于大陆是花岗岩构成的，所以中央大西洋海底的沉积物下面应该也是花岗岩石。但它不是花岗岩，而主要是玄武岩，即一种黑色的熔岩。

如果一种先进的亚特兰蒂斯文化没入了大西洋，那么在大西洋海底就应该有它的遗迹。哪怕是任何一点亚特兰蒂斯的房屋、宫殿、道路、庙宇的断砖残瓦，或者一块厨房用具的破片都会使这些极力反对亚特兰蒂斯的人发生动摇。这里的情况怎样呢？有没有什么证据呢？

时至今日，海洋学已经是一门相当先进并具有国际规模的科学。美国、俄罗斯、法国、英国和日本都有考察船进入大西洋和其他海洋搜集资料。这些船上的科学家们并不是在寻找亚特兰蒂斯，而是在研究其他东西，因而他们的证词该认为是无偏见的。在第二次世界大战期间及以后发展起来的技术力量和设备，如雷达和声呐，使科学家们的研究工作得到便利。另外，也发明了像深海潜水器、取样设备和水下电视这类水下工具。

诸多的问题

假设中的亚特兰蒂斯所在地在某种程度上已经被探查过。深入水下的电视摄影机显示，没有任何异乎寻常的人工制品。载人的潜水器也没有见到任何亚特兰蒂斯的建筑，他们倒是发现海底地形完全不像柏拉图所描写的亚特兰蒂斯地形。从海底取回的沉积物样品显示，在几万年的平静条件下，海底积累了一层层明晰可辨的细沙、淤泥、粘土。如果发生过一场灾变，这样的层次一定会起皱和毁损。而且这些沉积物的年代古老，比亚特兰蒂斯的存在要古老得多。当问到一个名叫莫里斯·尤因的有经验的海洋学家时，他评论说，他从事观察探查海底的工作，已有13年之久。但从没有发现任何没入海中的城市遗迹。UFO目击者报道的UFO是稍纵即逝的，但亚特兰蒂斯总应该有一些残存的文化遗迹可以找见。

北大西洋总的地形在今天已为人熟知。这是因为许多国家的海洋考察船只一直不断在给大西洋绘制地图。最引人注意的部分就是大西洋中央的海底火山山脉把南北两部分大洋一分为二。大西洋中央山脉的两边坡度很陡，所以如果这海底曾经是露在水面的大陆，那么它就必须在"一日一夜"之间下沉2英里甚至更多的深度，在地球存在的整个历史时期，这将是一个突然而且剧烈的震动，但地质学者却看不出有过类似的灾变。整个地形呈现多样性，确使人感到奇怪，但使大陆生成河谷、平原和山脉的地质因素，却几乎不能从海底的地形中发现。如果我们今天能够把大西

洋海底提升到海平面上，这块大陆就绝不像柏拉图所描写的那样。

还有一个主要问题，就是北大西洋和中大西洋的岛屿，据说它们就是沉没的亚特兰蒂斯大陆上的山峰。这些会不会是洪水发生时难民避水的地方呢？这个地方很可能就是亚特兰蒂斯人带着他们最贵重的财产避难的地方。就我们所知，还没有人想到在亚速尔群岛、加那利群岛和马德拉群岛上的现存建筑是亚特兰蒂斯人造的，也没有人在这些地方找到过被"难民"遗弃的器物和个人用品。

总之，地质学没有能在相传存在过著名的亚特兰蒂斯大陆的北大西洋中找到过任何有关的证据。在地形、沉积物或岩石种类方面都没有这样的证据，地质学者既没有在海底，也没有在矗立海面的传说中山脉的顶峰上发现过任何古代人类活动的痕迹

另外，说是对北大西洋的地质探查已经彻底，这也未免有些武断。海面和海底都是宽阔的，我们直接观察到的只是一些零星的部位。一些东西很可能没有被科学家们注意到。此外，我们设想亚特兰蒂斯的建筑物是用坚固耐久的石头构成的，比如大理石或花岗岩。如果亚特兰蒂斯文化的确存在，他们的建筑物可能是由不很耐用的和容易腐朽的材料做成，像木头或泥砖。这些材料相比之下会在很短的时间里消失，以致未能被进行调查的海洋学家注意到。

我们也必须承认，我们可能找错了地方。已有人对亚特兰蒂斯的地点提出了其他设想。但不论怎样，目前的大批地质资料对这问题是持否定态度的。这个想法是那么动人和诱人，无论是哪个科学家，谁会不愿意成为第一个做出这个极其珍贵的科学发现的人，并向全世界宣布胜利呢？

让我们回到亚特兰蒂斯的确曾经存在这个假设上，并且让考古学者也来进行考察。这里所要的正是这样的人，他们的一生以及所受的训练都明确地奉献给发掘像亚特兰蒂斯这样的地点。考古学者的专门目的就是发现并解开几千年前的文化之谜。一个没有留下任何一点有关证据的古代文化，一定是一个罕见的文化。按照这个前提行动，考古学者寻找、发现并解释古代文化遗留的各种不同的人工制品、铭文、纪念建筑等证据。这些证据要从历史的角度来衡量，而且，如果可能的话，还要和其他同时代的、有相互影响的文化或受过前前后后各种文化影响的文化相联系。在这些证据中，有的可能像埃及的胡夫大金字塔一样惹人注目，有的则像一个仅能辨认的陶器碎片一样很不起眼。

尽管事实上多数考古地点是在陆上，但也有一个独立的水下考古科学，叫做海洋考古学。必须承认，它还是一门新兴的学科。第二次世界大战后不久，雅克·库斯多发明了水肺，才使这门学科成为可能。库斯多和他的助手在考察地中海海底的情况时一鸣惊人，大为成功。他们发现了古代希腊和罗马的战船。这些在风浪中沉没的遇难船只上的货物包括酒坛、大理石雕像和大量其他在古代贸易中常见的制品。目前海洋考古学者还没有把库斯多的技术用于详细考察大西洋海底假设为亚特兰蒂斯发生陆沉的地方。

如果亚特兰蒂斯确实存在，确实曾和其他民族特别是地中海地区有过广泛的贸易往来，那么我们应该有理由相信亚特兰蒂斯和其他国家之间也有货物交换。一些可捉摸的东西，一些就像是写着"亚特兰蒂斯制造"字样的东西，如瓷器、大理石雕像、明确无误的铭文、戒指或其他装饰品，就应该散见在其他文明世界里，而这些文明世界是安全地度过了那场毁灭亚特兰蒂斯本身的灾难的。但考古学家却未能在雅典的废墟中或希腊其他地方找到亚特兰蒂斯的物品。无论在巴比伦人、索默人、埃及人或其他民族的遗物中，还是在更古的先驱文化中，都没有任何迹象表明这些民族曾与亚特兰蒂斯有过任何贸易关系。上述每一种文化都显示各自有过渐进的、有系统的和独特的发展，但却没有受到过任何未知的、"外来的"、可以归因于什么亚特兰蒂斯的文化影响。此外，考古学者也没有发掘出一份柏拉图时代或之前的文件，或可信的复制件，其中曾具体提到过亚特兰蒂斯。最后还有一点，就是考古学者在假设的亚特兰蒂斯山峰上——亚速尔群岛、马德拉群岛和加那利群岛，也没有能找到什么有关的东西。

总之，尽管亚特兰蒂斯的发现一定会引起欢呼，但是没有一个考古学者，也没有任何一个地质学者能够为柏拉图的故事提供支持。

在柏拉图发表他的亚特兰蒂斯故事之后的几个世纪里，一些作者和向壁虚构的人经常被这一主题所吸引。在柏拉图所写故事的基础上，又出现了成百上千的书籍和文章。关于亚特兰蒂斯的位置和性质以及它的居民的来源和发展的程度，又有了新的"证据"。但许多作者完全是胡言乱语，甚至遭到坚信亚特兰蒂斯确实在历史上存在过的人反对。出现了研究亚特兰蒂斯的各种社会组织。最最荒唐的，是有些极端的团体竟然印制了亚特兰蒂斯货币和邮票，甚至在他们的集会上，相互唧唧哝哝地说着他们假想的亚特兰蒂斯语言。

对这些人来说，要证明亚特兰蒂斯是相当容易的事。在埃及有金字塔，在尤卡坦也有金字塔。在亚特兰蒂斯下沉之后，幸存者向东逃往埃及，向西则逃往尤卡坦，他们带去了亚特兰蒂斯的文化。这一文化包括了金字塔的建筑。至于这两种金字塔在它们的建筑细节上并不是很相近，它们的建造时期不同，目的也不同，而

且最后还有一点——玛雅的文字和埃及的象形文字完全两样，这些基本的考古事实却都被他们置之不顾了。

没有任何人认为比米尼岛曾经是亚特兰蒂斯帝国的中枢。相反，比米尼岛却被宣传为亚特兰蒂斯的西陲。根据是：60年代中期发现的，目前位于6米多水下的人工墙。这个遗迹还没有详细研究过，但被估计已有约12 000年历史。这个水下遗迹的存在并没使科学家感到惊讶，因为在修造这座墙和其他比米尼建筑物的时候，整个世界的海岸线比现在低91米。像这样一种浸在水中的人类建筑的证据，可以在世界范围的海岸浅滩中找到。在过去的12 000年中，水位上升率并不相同。因此仅仅依靠这些比米尼遗迹就武断说12 000年前肯定有过横跨大西洋的先进文化，是不足为信的。

要不是由于这些逃避不了的地质事实，即更新是冰河作用，那么即使有柏拉图的虚构，亚特兰蒂斯的传说也将永远不会得到人们的注意。

关于亚特兰蒂斯的奇事之谜还有待人们去探讨，不过在此之前其事件的神奇和怪异为人们广为流传。

关于水的传说

恐龙消失后的几千万年间，世界范围的气温下降，于是迎来了100万

~200万年前的冰期。大块的冰——大陆冰川在北半球形成,并向南延伸,横跨加拿大和美国的一部分,还有欧洲的西部。其间至少发生过4次较大的结冰和溶冰。2英里甚至更厚的冰块覆盖了几十万平方英里的陆地。在每次大的结冰过程中,水从全世界的海洋中大量退走,使水位下降。地质学家普遍同意,在最后一次结冰期水位下降了大约90米。大概是在12 000年前,冰开始溶化,水位上升。现在仍旧在上升。

这就是说,在以往5 000年或以上的人类历史中,凡是沿世界海岸的任何人类建筑或其他地面上的人工制品都已经被海水浸没过。人们被迫向更高的地面迁移,并带去了洪水的故事。因此绝大多数的文化都有一些关于大水的故事或传说,这是没有什么可怪的。洪水确实曾多次发生。

蜃景经常在海上遇见,特别是在北极的洋面上,因为那个地区的低层大气总是要比高层大气冷些。在北方,这种现象常常出现在冬天和春天,当暖风已经从南方吹来的时候,由于冰雪的作用,大气低层却仍然是寒冷的。

譬如,住在贝加尔湖岸上的人们,就不止一次地看到湖上空有火车在无声地驶过,而且十分明显,一个车厢接着一个车厢,可以看得非常清楚——这就是远方铁路上行驶着的火车的反射。

还有一件十分有趣的事也值得一提,这事发生在19世纪,是瑞典北极考察者诺登塞尔特和考察队员们所经历的一次"奇遇"。

在考察队驻地附近发现一只大白熊,人们急忙跑去拿枪。就在其中一个人准备放枪的时刻,这只白熊突然展开巨大的翅膀,飞到天空中去了。在飞的过程中它迅速变小,最后变成了一只海鸥。

像这样的"幻象"常常也会使人大失所望。例如,大家都知道,瑞典的水手们很长时间以来一直在寻找幻景岛。这个岛出现在亚兰群岛和瑞典海岸之间的波罗的海上。

1815年,发生了拿破仑征战史上有名的滑铁卢战役。在克·弗拉马里奥的《大气层》一书中,曾引用了比利时韦尔维叶城里的居民的证明。这一天,他们看到天空中出现了全副武装的士兵——他们像是炮手。滑铁卢和韦尔维叶相距150千米。令人惊讶的是,幻景所转现出来的远处物体的轮廓却近在咫尺,似乎举手可及。在韦尔维叶,甚至可以看清一门大炮的车轮被折断了!像这样的远现蜃景,虽然是十分稀有的现象,但也不是绝无仅有的。

1927年,美国著名飞行员林德尔完成了当时有名的横越大西洋的飞行。后来他曾讲述过,飞行时他看到在离爱尔兰200海里处有一块土地,上面散布着山丘和树木。幻景持续了几分钟。

苏联宇航员格奥尔吉·格列奇科，在"礼炮"号上进行充满无数奇遇的宇宙游历时，拍摄了许多照片。其中一张照片上，有一个悬挂在空中的、高于云彩之上的冰块。这个谜到他返回地球以后才弄清楚了——原来这也是幻景在作梗。

复活节岛传说

复活节岛第一批欧洲来客是荷兰人。他们乘坐 3 条船，领队的是海军上将雅各布·罗格文。荷兰人第一眼望见这岛的时间是 1722 年 4 月复活

复活节岛石像

节那天的傍晚，于是便以这天命名。他们在岛上逗留了小半天，并观察了当地的居民和生活情况。由于荷兰人只上岸了几个钟头，再加上他们和土著之间存在猜疑，他们对自己所见所闻的描述就带有局限性。当有几个岛民企图抢劫这些欧洲人时，发生了争斗，结果不幸造成了好几个土著的伤亡。

随后，西班牙人于 1770 年也来过。到 1774 年，著名的航海家、冒险家和制图家詹姆斯·库克在作第 2 次太平洋航行时，在这岛上访问了好几天。上述诸人以及 18、19 世纪的欧洲探险家，就是神秘的复活节岛的第一批见证人。他们一定问过自己这个明显的问题：这些岛民是什么人？谁把他们带到这岛上来的，什么时候，从什么地方？最要紧的则是，这些石像该怎么解释？有关岛民历史的第一批线索就是欧洲人提供的，因为各种各样的登陆队都尽量记下了他们观察到的一切有关居民、服饰、住房的情况以及触目的风俗习惯。

在早期来访的欧洲人中，接踵库克船长而来的是一个名叫让·拉珀鲁斯的法国人。他受命法国政府进行这次远航的目的是在继续库克对太平洋的考察。拉珀鲁斯于 1786 年在岛上仅逗留了 10 小时，但却详细记录了他对岛民的观察所得。在 19 世纪中叶，来岛上布道的法国牧师在自己的日志杂记中记下了当时复活节岛的情况。

1774 年，当土著登上库克船长停泊在复活节岛的船甲板时，他和他的塔希提翻译发现岛民们的语言和他们去过的其他南海岛屿的语言很相近。部分依靠当地的传说对人口所作的估计表明，在欧洲人发现这个岛之前，居民总数可能有 3 000 ~ 4 000

人。复活节岛于 1888 年归并智利，所以许多居民都能说西班牙语，但在目前的 1 800 人口中，属于波利尼西亚血统的那部分也说一种原来在岛上流行的波利尼西亚方言。

语言虽未消失，但原来文化中的其余方面却很少被保存下来。在早期传播福音的牧师的影响下，岛民们归依了罗马天主教。唯一的村子汉戛罗阿，是由欧洲式的木屋，钢筋混凝大楼和波状铁皮屋顶组成的。最高当局是智利政府，20 世纪的技术形式是电气，货币经济，甚至还有电视。

有计划的考古工作开始于 1914 年，首先是由不列颠博物馆对全岛作了测绘。考察队长是斯科斯贝·鲁特里奇夫人，她对石像和其他主要文物作出了有价值的考证。1934 年，一个法国—比利时联合考察队，由人种史学家阿尔弗雷德·梅特劳和考古学家昂里·拉瓦歇里率领，对地面文物作了考证，也调查了岛民对自己历史发展的回忆。

1955 ~ 1956 年，一支挪威考古队在索尔·海厄达尔的领导下，用了 5 个月的时间对全岛进行了广泛的考查，虽然它强调仍有许多问题未得到解答。在以后的年代里，由于人们认识到复活节岛就像一个露天博物馆一样具有突出意义，考古调查和恢复整修各种建筑的工作一直没有中断过。这项工作是在智利政府的赞助下，由怀俄明大学的威廉·马洛伊和智利的贡萨洛·费古埃洛联合主持进行的。正规的考古学研究为我们解释了复活节岛土著人的历史，这个故事和那些旨在耸人听闻的作家的胡想乱猜并不相同。

在创造这座火山岛的过程中，大自然得力于时间。复活节岛和其他类似的大洋岛屿是在几百万年以前从极深的海底升上来的。虽然地面上有丰富的证据说明从前有过猛烈的喷发，但地质学家却把复活节岛归于死火山一类，而且注意到早在人类来此定居以前，以及他们在岛上生活的全部时期中，情况一直是稳定的。岛的形状是以 3 座死火山的位置作为基准确定的，其中最大最高的一座叫特雷瓦卡山，海拔 518.16 米，和波伊克以及拉诺卡奥两个火山口一起，使全岛呈三角形。

据说，每一个见过这岛的人在谈到它时感情都非常激动。有的说它又荒凉又阴森，也有人像鲁特里奇则觉得它具有一种粗犷的美。

在这里纵观全岛真是美不胜收，超过一切小说里最大胆的想象。神秘的过去所遗留下来的稀奇事物就近在眼前；远处山脚下面就是那黑乎乎的火口湖，而在这一边，直落 304.8 米，太平洋波涛起伏拍击着礁岸。海水绕着小岛，激起一圈白沫，然后直伸天边，一片蔚蓝，终于和南极的冰原融为一色。这里也被弥漫于全岛的宁静气氛笼罩，但看着海鸟在它们孤独的巢边回旋飞翔，听着它们的阵阵叫声，却更能感受到这点了。

其至到 20 世纪，这座岛仍是一个与世隔绝的角落。远居大洋之中是它突出的特点，使人们对岛上的居民和历史费尽心思，浮想联翩。当然最先引起重视的因素还是因为岛上满布着这些著名的石像。

虽然复活节岛孤处一方，但几乎每个人都听说过它的石像（当地名字是莫阿伊），而且一眼就能认出他们那特征性的长脸和沉思的神情。这些石像从前都背海竖立在那名叫阿胡的长方形大平台上。

如果没有这些石像，复活节岛也就像东太平洋中许多岛屿一样平淡无奇了。所以我们应该把注意力集中到这些石像上来，并且如同面对金字塔、巨石阵以及其他古代建筑和巨石艺术时一样，提出下面的问题：石像是谁建造的？用的什么材料？象征什么？为什么立在这里？但是，和从前一样，我们又一次发现，对这类问题并没有完全令人满意的答复，虽然考古发掘，再加上对岛上传说的仔细研究，已经把围绕这岛及其著名石像的大部分迷雾拨开。

石头：凿刻和运输问题

在采石场中，访问复活节岛的人可以看到许多完工程度不一的石像，这些石像并不像通俗作者常说的那样奇妙，好像都是些全部完成的作品。

罗格文在察看了石像后，得出的结论是：

它们都是泥塑的，或是用一种沃土作为材料，只是到后来才在外面粘了一层光滑的燧石小块。

但我们现在已知道，这些巨石块都是采自拉诺拉拉库——岛东端的一个较小火山口的以坚实火山灰构成的陡坡。石头的加工问题，在丹尼肯写的《众神的战车》里得到了一种解释，好像那边的人有能力：

用简陋的工具把铁硬的火山岩凿成伟岸的石像，绝不是铁硬的。拉诺拉拉库的凝灰岩，只要使用较硬的安山雪花岩制成的石斧就可以进行加工。这种石斧，又称手凿，在采石场较低一段斜坡上到处可见，都是在用钝后被石工们抛弃的。

石像和基岩分离后，就放在采石场的碎石斜坡上等待运往阿胡平台。在顶上靠近火山口的地方凿了一些石眼，作为挽绳之用。有关岛上这些著名石像的许多荒唐假设中，最富有想象力的一条莫过于维纳·沃尔夫在《死亡岛》中提出的了，他认为，这些石像在完成后，可能是一次火山喷发把它们送入空中，然后落到这最终安放地阿胡平台上来的！

虽然不至于这样惊天动地，但岛民们运输和安放这些纪念像的办法的确也是很出色的。最可能的情况是，这好几百尊巨大的石像都是被放在木橇上沿着专为这个目的修筑的路面从火山附近拖到岛的外围来的，这些路面直到今天尚依稀可辨。海厄达尔在调查过程中作了一次实地考古表演，和阿特金森所述的巨石阵实验差不多。一队现代的复活节岛民，把一尊10吨重的石像捆在一个Y形的木橇上，可以不费什么力气就把石像在平地上拖一段距离。但考古学者立即指出，这一实验并不证明从前的人就是用的这种方法，不过至少可以证明，甚至最大的石像也可以靠直接拖曳橇具来移动。

复活节岛石像细部

接受海厄达尔访问的一个土著说，小时候听他祖父讲过这些石像是怎样竖立到平台上去的，于是海厄达尔又做了一个试验，让12个岛民为一组，用长棍作撬棒，用小块火成岩作垫脚，边撬边垫，就能在18天里把一尊重达25吨的石像支起来竖好。但我们要再一次着重指出，这些试验的目的并不在于证实古时候的真正情况，虽然考古学者相信，目前这些岛民的祖先的确是用类似海厄达尔考察队亲眼所见的办法来凿刻、运输和竖立这些石像的。考古学家马洛伊在复活节岛上花费多年对石像做了整复原位的工作以后，在私下谈话中曾大胆表示，只要有足够的人力和时间，他可以搬动和支起任何东西，包括那尊留在采石场里的最大的未完成石像在内，这件庞然大物的估计重量是400吨。

石工们能够以岛为生吗？

这个岛的某些神秘气氛是由于提出了几个貌似不能解答的问题引起的。例如，丹尼肯在《太空之神》中谈到了食物供应以支持他那所谓外星球人帮助创造石像的论点：

到目前为止，还没有人能够摆出一个哪怕是比较像样的道理来说明，为什么仅几百个波利尼西亚人，甚至在食不果腹的情况下，竟肯花大力气来凿出近600尊像来。真是这样吗？岛上很少、甚至没有食物供应吗？复活节的自然经济既然能够维持当地人的生活达1 000年以上，再要说它是"食不果腹"就不恰当了。实际上岛周围的海域里是不乏各种各样的鱼类、虾类和贝壳类等丰富的水产资源的，此外还有在岛上筑巢的燕鸥和塘鹅之类的海鸟和种种土生土长的产粮植物，包括芋芳、山药、香蕉、白薯和甘蔗。同时，古代的岛民也养鸡。

复活节岛的石像代表了一种在本地生根并趋于完美的波利尼西亚传统，而且即使地理位置遥远，但至少在文化上，复活节岛有许多方面是接近波利尼西亚中心区域的。当然这岛也有它独特的地方，有些为其他岛所无的特点是值得一提的。例如，复活节岛曾经使用过一种刻在小木板上的象形文字，称为朗哥文，虽经仔细研究，但尚不能完全得到解释。有人企图将这种文字和一种古印度文字联系起来，但朗哥文看来还是复活节岛独有的。

木板上刻的象形文字中，有些也以浮雕的形式见于奥朗哥村附近。这是一个专供庆典用的村子，地处岛的东南端，背山面海，后面是拉诺卡奥火山口，向前就是直落1 000英尺的峭壁，村里共有48间用石板构成的房子，是整个举行重要宗教和庆典仪式的场所的一部分。从房子的南面也就是朝海的悬崖上，可以看见脚下附近海面上的3个小岛——莫土努伊、莫土伊提和莫土卡卡奥。悬崖地面上有一簇大圆石，石上有浮雕的图案，特别是一些鸟首人身的形象，象征着一年一度的全岛庆典。这个庆典是专为部落之间进行赛会举办的，被指定的游泳选手从岛上出发，看谁第一个从莫土努伊取回一只黑燕鸥蛋来。这种鸟每年都要在这3个濒临的小岛上做窝。看来这一庆典也很像一种宗教，是维持权力和领导的手段。

必须指出，许多张扬其事对复活节岛的神秘大加渲染的说法，都是一些既无视科学，对读者又不负责的作者造出来的。在《古老的地球》中，科洛西莫硬说复活节岛的居民没有用来搬运石像的滚木，因为只有一层极浅的土壤覆盖着岛上的岩石地面，树木无法生长。根据对花粉的研究，可以清楚这里的确生长过树木，即使数量可能不多，但也足够用来建造独木舟、桨板、屋架、生火和作搬运石像的器材。目前，岛上的土壤还能维持大型桉树丛、桔浆果树、无花果树等等的生长。

岛上的奥秘也包括石像的排列，使人想起了英国巨石阵的层层奇怪圆圈，复活节岛上的"鸟人"肯定是和我们在印度、美洲大陆，以及地中海国家中看到的"火鸟"有关联，而且这种鸟好像就是我们地球上一大文明摇篮——传说中的亚特兰蒂斯的象征。这本书的好些章节都是信口把世界各地的文化混为一谈，和我们已知的人类历史完全背道而驰。不过，复活节岛也的确有一些奥秘有待解决。

为什么这些石像都不分彼此地凿成一种极为独特的格式？是什么原因，促使这个依靠口口相传记事的地方发展了一种书面语言？还有，为什么像鸟人崇拜这样一种宗教生活形式，竟发展到在全波利尼西亚甚至全世界都没有匹敌的程度？马洛伊根据自己对复活节岛的长期研究，做出了这样一个发人深思的概括：

和绝大多数孤处一方的民族大不相同，而且至今还令人大为不解的是，他们居然形成了一种非常复杂的文化，竟出人意料的也有像书面语言这样一种进步的符号，和一个阶级分化的社会，掌握足够的强制力量来召集大批人工进行壮观的公共建设，还有一个祭司组织，一套肃穆森严的宗教建筑，一种毫无例外同一规格的石像，总数几乎达 1 000 尊，有的竟重几百吨，于是也发明了搬运这些大石像的工程手段。

复活节岛的奥秘，主要不应该是解决这些石像究竟是否出于人类之手或如何建造的问题。证据已经表明这是人类的业绩，也表明他们使用的是哪些手段。相反，复活节岛的更大和更有兴味的奥秘是，什么东西激发了人们创作伟大石像的热情，又是什么动机，促使人们在这样一块与外界不通音讯、没有贸易往来的小地方世纪复世纪地从事石像的建造？开辟波利尼西亚群岛的民族，无论从体征或文化上说，都具有某种共同的波利尼西亚特点，凡有一定的土地和资源，这些人就会定居，但只有在复活节岛上，波利尼西亚社会才起了这样独具

一格的变化并走上与别处不同的发展道路。

从英国的巨石阵到埃及再到复活节岛，我们都可以看到，在特定的时期和地方，有才能又有精力的人们都会各自建造大型永久的建筑来部分表现他们的文化。我们认为，奥秘并不在于解释他们的技术，而在于探讨究竟是什么样的感情或心智因素，什么样的思想、信念或独创的想象，使得种种社会在表达自身时，能够各得异趣。

探秘图坦哈门王陵墓

霍华·卡特越来越失望。这位考古学家为了搜寻少年法老王图坦哈门的陵墓，业已浪费了25年宝贵光阴，资金也所余无几。同事们对他不但日表怀疑，甚至加以嘲笑。

但这位英籍埃及古物学家不甘心就此失败，他仍深信图坦哈门王的陵墓必在埃及古都昔伯斯的帝王谷中，因为附近的路克索庙宇中发现了图坦哈门王的碑铭。这座陵墓从来没有被人盗过，因为，他从未听到有关文物面世的报道。

最初 10 年内，掘到的东西只是一些坛子和有国王笛子的衣服。除此之外，卡特几乎搜遍了帝王谷的每一角落，还是找不到这位 18 岁就驾崩的法老王陵墓踪迹。

卡特踏着早晨清凉的沙地走向工地时，不由又想起他的资助人业余考古学家卡拿封爵士，一路回忆在英国汉普郡爵士府中最近一次会议。

当时，卡拿封要求卡特罢手。"我的家产快赔光了，"他对卡特说，"我实在无能为力了。"

可是卡特要求爵士继续支持，做最后一次的发掘。"霍华"，爵士笑着说，"我是一个赌徒。再支持你一次，碰碰运气，如果再失败，真要破产了！咱们从哪里开始？"卡特打开帝王谷的地图，指出还没有掘到的一个小地区，位于通往拉美斯六世陵墓的路上。"瞧"，他对爵士说，"这是最后一片还没有发掘的地区。"

他走近发掘的工地时，想起这地方，宛如一场噩梦的最后一幕。他与工作人员除了掘到当年建筑拉美斯六世陵墓的奴工住过的小屋残迹外，其他一无所获。他们又以3天的时间在瓦砾堆里翻转，仍是徒劳无功。

卡特走到工地时，工头阿里跑来说："我们挖到深入地下的一个台阶！"2天之内，他们清出一条陡直石级，通往下面一扇密封的闭门。卡特立刻电告卡拿封爵士说："我等终于有了惊人发现。一座宏伟的陵墓，原封未动。恭候大驾。并祝成功！"

日期是1922年11月6日。

卡拿封到后，他们又以好几天的时间打通墓门，清出一条通道。通道上到处散落着石块。然后到达第二扇密封的墓门前。

这时，卡特的理想终于变成事实。卡拿封站在卡特的背后，凝望着那门时，卡特慢慢地凿着墓门，凿开一个可容伸进蜡烛的小孔，向罩面探望。后来他这样记述：

"开始时，我什么也看不见。从室内透出的热气，使烛火不停地闪动。可是，等我的视力能适应那明暗不定的光度时，室内的一切开始明朗：里面布满奇怪的动物雕像和黄金，遍地都是发亮的黄金。"

"当时对我身旁其他人来说，我惊得目瞪口呆的那一刻必然是一段无限长的时间。卡拿封爵士似乎急不可待了，便急忙问我：'看到什么没有？'我只来得及虚应他说，'看到了奇妙的东西！'"

这座陵墓包括四间墓穴，里面有棺，有花瓶，有镶满了珠宝的金御座，有衣服、家具和兵器。陵寝两旁有黑色人像各一，里面有四座金神龛，一座接一座地叠放着，还有一具精美的石椁，内藏一套三层的棺材。

最里面的一层，用纯金打造，盛着图坦哈门王的木乃伊，用缀满珠宝的尸布缠着。脸上覆着金质面具，镶满晶石和青金石。头项和胸膛上，绕着用矢车菊、百合与荷花缀成的花圈。虽在石椁中存了3300年，花圈的色泽仍然保持不变。

陵墓内一切的陈设，使我们对这位公元前1350年的埃及法老王传奇般的生活，得到一个大概的印象，对卡特和忍受长期折磨的资助人卡拿封爵士来说，这真是一次长久而心力交瘁的搜索。不过，最后总算有了回报：他们得到考古学上最辉煌的成就。

卡特和卡拿封爵士掘开图坦哈门王的陵墓后，接连发生了不可理解的事故。参与掘墓的人员中，有几人不是横死，就是不得善终。根据传说，他们都是法老王咒语的牺牲者。

据说，1922 年 11 月，两位考古学家率领工作人员首次凿开墓门的当天，就连续不断地发生令人胆寒的意外。而这种不祥的迷信，就是根据上述未经证实的报道而来的。最后一人从墓穴走出地面时，据说突然吹起一阵狂风，在洞口盘旋。风沙平息后，有人看见象征古代埃及皇室的秃鹰，在陵墓上空呼啸而过，飞向西天，飞向埃及神话中的"另一世界"。迷信的人说，已故法老王的幽灵曾经留下咒语，凡是侵犯他们陵墓的人，都要得到恶报。

5 个月后的一天，当时 57 岁的卡拿封爵士的左颊，被毒蚊蜇了一口，伤口受了感染，因血液中毒而染上肺炎，结果于凌晨 1 点 55 分死在开罗旅次。当时全城灯火熄灭。同时，在英国他的故居，爵士的家犬也忽然哀号不止而死。

最奇怪的是，据后来检验图坦哈门王木乃伊的医师报告，木乃伊左颊上也有个凹下的疤痕，和卡拿封爵士被毒蚊蜇伤的位置完全一样。

另有几个到过墓地的人，也死得不明不白，据说也是由于咒语作祟。例如：卡拿封爵士的兄弟赫伯特，死于腹膜炎；自称法老王后裔的埃及亲王法米在伦敦一家旅馆遇害，他的兄弟也自杀而死；美国的铁路业巨子乔治·古尔德参观墓穴时，突患感冒，结果死于肺炎；贵族里查贝特尔协助卡特编制文物目录，据说在 49 岁时就自杀了，几个月后，在 1930 年 2 月，他的父亲威斯柏瑞爵士也在伦敦跳楼自杀身亡——在他的卧室里，摆着一支自法老王墓中取出来的雪花石膏花瓶。自 1922 年发现这座图坦哈门王的陵墓后，短短 7 年中，已有 12 个与此事有关的人，离奇丧生。

但是，理应最受法老王咒语所害的那个人，却一直平安无事。那就是掘墓的卡特。他于 1939 年 3 月逝世，得享天年。后来埃及政府同意运图坦哈门王的宝藏往巴黎参加 1966 年的展览会时，主管文物的穆罕默德·伊柏拉汗夜里忽得一梦：如果他批准将这批文物运出埃及，他将遭遇到可怕的凶险。因此他在开罗与有关单位据理力争，但无效。最后一次会议结束了，他离开会场后，竟被车撞倒，两天后因伤重不治毙命。

佛罗里达宝藏

佛罗里达州大西洋岸暴风过后的

任何一天早晨，都可以看到许多寻宝者在沙滩上仔细搜寻，希望找到些从近岸暗礁及浅滩冲上来的西班牙沉舰残骸里的东西。

据估计，沿佛罗里达州海岸，约有1 200至2 000艘沉船。其中许多艘可追溯到西班牙运宝舰队航行南美洲北海岸的时代。

佛罗里达海域

从16世纪中叶起，舰队都集中于哈瓦那，穿过佛罗里达海峡，顺墨西哥湾流北上，到加罗来纳时，乘着西风离开美洲驶回欧洲。

1715年5月，两支小舰队由乌比雅将军及艾奇维兹将军指挥，在哈瓦那会合。

在全盛时期，西班牙海军曾集合100艘舰只，每年一次结队横渡大西洋。到18世纪时，在英、荷及法国的竞争下，其全盛时期已成过去。

1715年集合在哈瓦那的联合舰队，数目少得可怜，仅有11艘，而且没有一艘是真正可航远洋的舰只。乌比雅所率领的5艘战舰中最好的一艘，本来是英国军舰"汉普顿宫"号，后被法国俘获，又转赠给西班牙的。

但这些战舰都载着大量财宝，其中还有一批由中国工匠制作的，越过太平洋运到美洲再由骡子转运到墨西哥的名贵艺术品。

在哈瓦那装船后，11艘战舰都吃水过深，船缝漏水。7月27日起航，其时已经接近飓风季节，十分危险。

舰队向巴哈马群岛北驶。起航后头两天风平浪静，天气晴朗，随后乌云密布，视线模糊。入夜后，强风吹起，舰只开始摇晃颠簸，乘客及货物在舰上被抛来抛去。翌晨，天空一片阴霾，湿热难当，天边涌现一片紫气，那是一股暴风。

舰队进入佛罗里达海峡时，风势倍增。舰队恰在佛罗里达平坦海岸的险峻珊瑚暗礁与危险的巴哈马群岛浅滩之间。

离开哈瓦那不及3天，飓风猛吹，舰身重，尾舵短，各舰在暴风中难以驾驭，迅即被吹向佛罗里达海岸。桅杆折断，甲板上全是碎木板和湿透的绳索。

未被冲落海中的人都跪下祷告。乌比雅的旗舰首先触礁，其他舰只也跟着触了礁。10艘战舰沉没，只有

"葛里芬"号幸免，因为它的舰长不遵从命令，继续向东北航行，因此逃过暴风。

丧生者1 000余人，损失金银及其他货物约值2 000万美元。有些运气好的生还者被冲上海岸，带着少量漂流出来的财宝，走向内陆，下落不明。还有人坐着木筏漂流，到达佛罗里达西岸圣奥古斯丁。.

西班牙人立即从哈瓦那及圣奥古斯丁派出8艘船只，从事大规模打捞工作。他们在卡纳维拉岬设了一个营地，并建立了个仓库收藏找回的财宝。潜水员只是吸一口气，带着重石头加速潜下水底，把几百万枚西班牙银币打捞上来。

海难消息传抵英国海盗盘踞的牙买加。海盗中有一名绰号黑胡子的提池船长和另一名简宁斯船长袭击西班牙营地，仅简宁斯一人便劫走几千枚西班牙银币。尽管如此，西班牙人于1719年返回哈瓦那时，带回的财宝还有原数的1/3。其余的就在海底埋藏了几近250年无人过问。随后这些沉舰残骸成为佛罗里达州寻宝工作中历时最久而收获最丰的一个寻宝地点。

直到现在还有人在寻宝。佛罗里达州一位业余寻宝人华格纳且因此而享名于世。华格纳于1949年迁到佛罗里达州沿岸，听到朋友在海滩上找钱币的故事后，对西班牙沉没的舰只大感兴趣。他用15块钱从陆军剩余物资中买到一架地雷测探器，在卡纳维拉岬南塞巴斯丹与瓦巴索之间的海滩上，找到1649～1715年间铸造的大量钱币。从钱币发现的地点，他得出关于沉舰地点的一套理论。钱币集中在沿岸不同地点的小水道里，他猜想在每个地点都有一条沉船。

华格纳和一位同事凯尔索在美国各图书馆及研究机构广泛研究，凯尔索在国会图书馆的珍本书收藏室找到一本重要书籍。书名为《东西佛罗里达自然历史简介》，1775年出版。它描述西班牙舰队船只遇难情形，并提及"沉舰里可能还有很多西班牙一圆及两圆银币，银币有时被潮水冲上岸"。

他们两人与赛维尔的西班牙海军史迹馆馆长取得联络，馆长供应他们3千张古代文件缩微胶卷。经过研究翻译后，获知1715年海难及打捞工作的全部经过，以及许多残骸的约略位置。

看起来华格纳好像已经找到了有关西班牙沉舰的线索，但是要打捞藏宝还需要许多年的工作。佛罗里达沿岸气候不佳，每年仅有几个月能进行打捞，因而使这项工作更具困难。

华格纳首先在卡纳维拉岬搜查当年西班牙打捞队营地及仓库，用地雷测探器在海滩后面的高地经过多日细心搜寻后，探得一艘舰上的大铁钉和一枚炮弹。他在现场挖掘并把一块半英亩大的遗址，绘入地图。随后更多炮弹、中国陶器碎片和一枚镶有多至7颗钻石的金戒指，陆续出土。

从记录中，华格纳晓得在营地遗址对面有一艘沉舰。他花了许多天时间，戴上自制面罩浮在一个汽车内胎上，在污泥和海草里仔细踩探，最后发现一堆炮弹。潜水下去又发现一个大铁锚，终于找到第一艘沉舰。现在他已知道这些古物是个什么样子，于是立即租了一架专机，从空中逐一细看暗礁及浅滩，寻找其他沉舰。他的空中搜寻工作很成功，把许多艘沉舰的地点都绘入地图里。

1959年，华格纳召集几位精于潜水的友人，成立一个"八瑞公司"，当时西班牙一个披索等于八个瑞尔，披索是大银币，瑞尔是小银币。他们并向佛罗里达州申请取得享有寻获物75%的权利。他们利用一艘旧汽艇和一部自制捞泥机，奋力工作了6个月，但毫无所得。

他们的热情消失，公司也快要破产了，但最后有一位潜水员浮上水面紧握着6枚楔形银块。其他人都大喜过望潜水下去，看看究竟能够在海底找到些什么宝物。

以后的几个礼拜内又找到15枚楔形银块，然后华格纳决定拉队到另一沉舰地点。从那时起，他的寻宝美梦，终于成为事实。

在第二艘沉舰工作的第1天，发现一批数量惊人的银币，估计值8万美元，随而在暴风后的一天，华格纳带着侄儿到海滩仔细探查。当华格纳拣拾钱币时，他的侄儿找到一条金链，此链共有2176枚金环扣在一起。一条造工精致的金龙缀在金链上，龙嘴张着是一个可吹响的哨子，龙背上用摺合铰装着一支金牙签，龙尾可以作耳挖。这件宝物后来鉴定是属于当年乌比雅将军本人所有，售得5万美元。

发掘工作继续数年，公司组织扩大。海底寻宝最惊人的一次发现，也许是他们捞到几近完整无损的30件中国瓷器。西班牙人用特制的"白墩子"瓷土，包装这些精致的碗、杯，以防破碎。从船的推进器向下方喷射强大水流，能把海底的一层泥沙吹去，又不致吹动它。

1965年5月31日，他们使用自己发明的一种机器，使沉在海底的珍贵财宝澄清。当海水澄清后，华格纳和他的同事望向海底，目力所及，遍地都是金币，顿时看得目瞪口呆。1967年华格纳把财宝拍卖，获得100余万美元。

沉海巨舰的线索

1628年8月10日是斯德哥尔摩的大日子。以瑞典皇室姓氏命名的巨舰"瓦萨"号即将起航的消息传出后，全城到处都挤满热情的爱国群众。

这艘巨舰是国王迦斯塔瓦·艾道夫斯二世下令建造的，可容战士300人、水手133人，排水量约14 000千吨。建造时把方圆40英亩森林的木材都用光了。这艘战舰3层甲板上配备铜炮64门。

现在这艘大战舰准备出海。那是下午4点钟，在岸上群众欢呼喝彩舰队礼炮致敬下，瓦萨号起锚，姿态美妙地轻轻驶出。

忽然祸从天降。港内一阵狂风突如其来，战舰向左舷倾斜。水手还未及移动大炮平衡船身，海水已从最下层甲板的方形炮门灌入。几分钟后，海水淹没了瓦萨号。生还者寥寥无几。

战舰沉后约300年，两条起初看来好像毫无意义的线索，使一位意志坚定而有毅力的年轻人在海底探险史上完成一次最伟大的工作。

安德斯·富兰赞20岁时候，有一次在瑞典西海岸外航行，看到被蛀虫钻穿的失事船只残骸漂浮起来。惯于波罗的海航行的富兰赞，觉得很奇怪，因为他从未在波罗的海海上见过被蛀虫侵蚀得如此严重的木材。

经过一番研究，他才知波罗的海盐分不足，蛀虫无法繁衍。他因而推断，沉在波罗的海海底的瓦萨号战舰，可能还完整无损。

第二次世界大战后，一直想打捞旧船的富兰赞，努力收集有关瓦萨号及其沉没地点的所有资料。他用铁钩和拖索搜遍港底，但寻获的只是些旧床架和各种废品。4年努力一无所得。不过，虽然他自己不知道，但事实上他已渐渐接近成功的边缘了。

1956年，他用海底采样器探测海港的海床时，触到一件东西。拖上来是一块古老的黑橡木。富兰赞晓得，在这一带水里，橡木要经过100年才变黑，那么他一定是找到一艘古船，也许就是瓦萨号吧。

打捞工作的第一阶段，是在淤泥下面掘沟，从趸船放下钢缆，穿过舰底兜住舰身，然后藉趸船的浮沉升降，把舰壳从淤泥中拔出来，拖上浅水中。这项工作足足费了2年时间。

下一步骤由潜水员关闭全部炮门，堵塞各处漏洞，最后于1961年4月24日用钢缆、趸船和一套液压起重装置把它拖上水面。

今天，瓦萨号仍陈设在斯德哥尔摩特别建造的博物馆内，不断用蒸汽及化学药品喷射，使木材不致变形。博物馆里并保存着当年海员的私人物品：钱箱、衣服、武器、器皿及钱币等。那是17世纪海员生活的绝好写照。

瓦萨号之重见天日，乃是海底探险及打捞沉船工作上一大成功。

寻觅上万年的画作

在西班牙北部艾塔米拉岩穴，一

位业余考古学家正在穴口掘土。他那9岁的女儿玛丽·苏吐拉走进穴里。

突然间自旁边一个小穴内，远远地传来她的叫声："牛！牛！牛！爸爸，快来！"

她父亲马塞里诺丢下凿子，即刻奔向穴内。他女儿站在那儿兴奋地指着穴顶。他举起提灯往上看，在9穴顶上有褐、红、黄、黑各色绘成的图画，面的是史前野牛。这些壮丽的图画也许是几千几万年前的作品。

穴顶画着17头野牛，栩栩如生。有些用足刨地，有些躺着，有些因矛枪所伤正吼叫待毙。在它们周围还画着一些野猪、一匹马、一头雌鹿及一只狼。

马塞里诺更深入各岩穴仔细加以研究，发现几十幅其他动物的图画。其中有些动物已于数世纪前就在欧洲绝了种。

当时是1879年。起先马塞里诺的发现，被考古学家们指为伪造，是一种想推翻达尔文进化论的阴谋。考古学家相信那样的作品，决非大家心目中那种比猿猴高明不了多少的原始野人的作品。

但这些图画终于证明是史前艺术的一项重要发现。大多数是公元前15 000年至10 000年间的作品。

马塞里诺死后14年，考古学家布鲁衣神甫前来勘察那些岩穴。掘出动物的骸骨，上面所刻的，几乎与穴顶所绘的图画完全相同。

图画已证明是古画。谁也不能再怀疑。而那些岩穴也被人尊重起来，称之为"史前艺术的圣殿"。这些图画保存得如此完善，实在是一件令人不解的事。虽然在西班牙北部以及法国南部也发现了不下100个岩穴，里面都有旧石器时代的图画及浮雕。但是，好些都已因年代太久受气候侵蚀而褪色或损坏。

艾塔米拉的图画是画在漆黑的岩穴中，只是在马塞里诺来该处之前不久才被发现。穴中温度及湿度保持不变，通气很好但不过分。湿度刚好可以避免颜色干枯、剥落。因为岩石塌陷，这些穴口被封闭了许多世纪。在法国南部的拉斯考也有同样的图画，但因15年来，开放任人参观，受观众的汗气、体温及带来的微小有机体之侵蚀，损坏的程度，比以前几千年间所遭受的损坏还大得多。

发现拉斯考伟大的史前画廊，也是儿童的功劳。

1940年，18岁的马希尔·夏维达和3位小朋友，来到一个因树根拔起而形成的穴。这个穴是他在数天前领着小狗散步时发现的。孩子们将穴口掘大，马希尔即往下爬。等他到了这个岩穴底，划了几支火柴后，隐约间他看见了动人的壁画。第2天，孩子们带着提灯前往，看到壁画上画的一群动物，有马，有牛，有野牛，有鹿还有其他野兽。

孩子们把所见的向布鲁衣神甫报

告。今日拉斯考洞的图画，可与艾塔米拉的图画媲美，两者均是历年发现最精美的史前艺术品。

有一个岩穴，称为"牛厅"，有乌黑、深红两色绘成的图画。在其他穴中，有成群的马和长着大犄角的鹿头，全都画得很生动！

艾塔米拉和拉斯考图画显然不是原始野人的作品，而是出自开化民族画家之手。与一般人印象中石器时代的人类，距离很远。由简单的浮雕到生动的彩色图画，可以看出各种不同的风格，给人以极为真实的感觉。

这些图画的作者，是一种叫做克洛麦农人，也就是公元前32 000年～前10 000年出现在欧洲石器时代的原始人。他们是以采集植物和狩猎为生，他们也有发明和创作。考古学的研究发现随后有几种出色的文化相继出现，最后一个是马格达楞尼安文化。这种民族是生存在公元前15 000～前10 000年左右。

图画是先以尖锐的燧石凿出轮廓，然后涂色。画图的人没有绿色或蓝色。但他们从氧化镁、木炭或油烟中取出黑紫色和纯黑色。从铁矿矿石取得褐色、红色、黄色和橙色。先将铁矿矿石用石块把它磨成粉，然后与动物血液或脂肪及树汁掺和使用。

他们用各种工具涂颜色，有时用手指，有时用毛皮或羽毛制成的刷子，或用咬破一端的小树枝。画图的人也曾使用一片片的青苔，或用芦苇管吹出颜料。

艾塔米拉那个发现马格达楞尼安人的艺术作品的地方，也曾发现用硬脂制成的赭石蜡笔。绘制图画时，极度小心。图是绘在黑暗的岩穴里，白天也只有少许光线透入。这就表示画图时是使用一种人造的灯光照明。并且也发现了石灯。从图画画在穴顶这一点可以证明当时曾用过某种形式的台架。

许多考古学家认为，岩穴图画，可能是宗教仪式的一部分，借用宗教符咒的力量，使野兽容易被人猎获。早期人也许相信被他们猎获的野兽会把勇气和蛮力，经过这些图画传给人类。

图画也有可能是教导青年猎人的一种图解，指引他们如何刺杀野兽：许多图画画出长矛贯穿动物要害的图样。

最晚期的作品，大概是在公元前10 000年完成的。因为在冰川时代末期，冰川后退，天气转暖，这些马格达楞尼安人，便走出岩穴，过其露天生活。他们的子孙适应了环境，渐渐学会农耕。可惜，他们的艺术技巧便从此丧失了。

千年冰尸传说

1991年9月19日，一对德国夫妇徒步攀登阿尔卑斯山时，惊奇地发现冰层下面埋藏着一具黑色的尸体。

当时他们以为这是一具现代爬山者的尸体，于是通知了奥地利警方。可惜，警察也没有产生任何考古上的想象，便粗暴地用手提钻将尸体臀部穿透拉了出来。为了弄清死者的身份和死因，尸体被转移到因斯布鲁克大学。在这里，科学家们研究后惊讶地发现，这具冰尸已有5 000多岁，生前生活在新石器时代，是一具保存良好的冰尸。科学家将其命名为"奥兹"。

阿尔卑斯山

奥兹这个名字，来源于一条名为Otztal的狭长山谷。该山谷海拔3 210米，位于意大利的南蒂罗尔附近，靠近阿尔卑斯山的主山脊，距离奥地利国界只有27.4米。

根据科学家的研究发现，冰人奥兹是世界上最有名的冰尸。他长眠在阿尔卑斯山的冰川中已长达5 000年之久。当他被发现后，科学家们对他进行了仔细的研究，甚至弄清楚了他最后一餐吃了什么。现在科学家终于找到了冰人奥兹的死因。在现代科技的帮助下，科学家们终于发现，这个生活在新石器时代的古人，是因为中箭流血过多而死亡的。

奥兹死亡时，身高大概1.66米，年龄在30岁左右。因为死亡后，尸体很快就被白茫茫的冰层覆盖，所以尸体几乎没有遭到破坏。

除了知道以上信息外，科学家甚至想知道奥兹的童年是在哪儿度过的。为此，他们借助刑事案件侦破的现代技术，先收集了奥兹身上的花粉和灰尘粒，然后测定了他牙齿上的同位素，并和他遇难地的周边环境中的岩石、土壤和水样本的化学元素进行对比。结果发现，奥兹牙齿中氧的同位素 ^{18}O 含量更接近降雨量较多的意大利，而不是降雨少、^{18}O 含量也少的奥地利。通过对铅的放射性同位素含量的进一步研究，他们发现博扎诺北部的小镇 Velturno 可能就是奥兹出生的地方。

不过，奥兹成年后可能去了更北边的地方，因为与牙釉质不同的是，人体骨骼中的矿物质每10~20年就会更新一次。从对奥兹骨骼的分析结果来看，他成年后应是在较出生地海拔更高、纬度更北的地区活动。通过此前的众多分析猜测，奥兹可能是在秋季死去的，是被一场突如其来的早冬暴风雪袭击而死。然而在对他的肠子进行分析时却发现，他可能死前喝了含有鹅耳枥花粉粒的水，而这样的水只在初夏时节才有。因此科学家判断，奥兹是死于初夏。

来自此前因斯布鲁克大学的植物学家对奥兹的肠子进行了分析，发现奥兹临死之前很可能是饿着肚子的。在死亡前的 8 小时，他正在山谷南侧享用自己"最后的晚餐"。那么他吃的是什么呢？很简单的一餐——单粒小麦做成的未发酵的面包，少量当时技术条件限制下做出的细粮，一些可能是香草的植物及可能狩猎得来的鹿肉。

2001 年时，科学家通过 X 射线发现，奥兹的左肩膀上有一处箭伤，外套上也有对应的破裂。同时，他的手上、手腕处以及胸部也都有刀伤和淤伤。不过中箭之后，箭很快就被拔出来了。通过 DNA 分析，科学家在奥兹的武器上发现了其他 4 个人的血迹，一处在刀上，两处在同一个箭头，另一处在他的外衣上。

这些信息表明，奥兹当时可能参与了一场打斗，可能是 2 个邻邦之间的冲突。以 DNA 证据显示，奥兹和他的同伴们远离了自己的领地，帮他拔出箭的同伴可能也受了伤，因为他给奥兹做的包扎非常粗陋。另外，奥兹手边的铜斧工艺相当复杂，必须要几个人合作一起打制精炼才能制出，这可能也暗示了这场打斗对他们来说的重要性。

不过，关于他中箭流血身亡的说法目前还只是推测。事实上，当时围绕奥兹的传闻非常多，有人认为，奥兹是个牧羊人，在试图把羊群从山里召回时遇上了暴风雪；还有人认为，他是一个僧人，当时正要上山与神进行对话；甚至还有人认为，他可能是以酋长的身份，成为一个宗教仪式的牺牲品。

那么，奥兹到底是怎么死的呢？一个意大利瑞士联合研究小组借助 X 射线对奥兹的箭伤进行了拍摄。图像显示，在奥兹的左肩膀，也就是早先发现箭头的地方，还有一条锁骨的背部动脉受到了损伤，而且伤口附近软组织有大量的血肿。对比很多同样具有此类严重伤口的文献记载后，科学家认为冰尸是在受伤不久后死亡的。至于奥兹为何会到冰山上去？又为何会中箭？这恐怕只有生活在 5000 多年前的奥兹自己知晓了。

历史上这类事件还很多。1644年，一名作家记录了自己在阿尔卑斯山附近发现的一具冰尸，他写到："一个男人的尸体、肉和所有，石化程度可堪比大理石，被送往教皇。其被放在黑丝绒的棺材里，一条胳膊断裂，骨头上的肉清晰可见。"这可能是第一个被记录的冰尸案例。

1972 年，在格陵兰岛的因纽特人居住地的一个山洞里，发现了 8 个保存完好的冰木乃伊，其中还包括一个 6 个月大的婴儿，4 岁左右的男孩和不同年龄的妇女，均生活在 500 年前。

1999 年，在加拿大英属哥伦比

亚北部的冰层处，科学家发现了冰冻的古老人类，他们大约死于550年前。这是北美发现的最古老的冰尸。

2004年，3个死于一战期间的奥匈帝国士兵的冰尸在意大利的圣·玛特奥山区被发现，其中一具曾被送往博物馆研究，以期从侧面进一步了解冰尸奥兹的保存环境。

火山口上神秘足迹的来历

在尼加拉瓜西部马那瓜湖以南，有一个名叫阿卡华林卡的地方。这里以前是一个被人遗忘的穷乡僻壤，而现今却变成了当今尼加拉瓜的旅游胜地。为什么会有这样的转变呢？原来这完全得益于在这里发现的一处古人类遗址，它就是6 000年前人类在马那瓜城阿卡华林卡留下的脚印，也称"阿卡华林卡脚印"。考古专家们认为，这些脚印是极为难得、极为宝贵的古代人类足迹，也是研究美洲古代人类历史的重要物证，具有极其重要的科学价值。

尼加拉瓜的马那瓜是一座热带风光旖旎的美丽山城，傍依在面积为1 000平方千米的马那瓜湖畔。而阿卡华林卡脚印就位于马那瓜城西北角人口密集、平房林立、多为工人居住的阿卡华林卡区。这里是一座高墙围绕、面积不大的院落，院内一侧是一排平房，就是阿卡华林卡博物馆，博

物馆中陈列着一些有关脚印的资料。院中央是2个相距不远、4米多深的大坑，一个呈长方形，顶端有篷盖，坑底有一个经过精心修整的供游人驻足观赏、带栅栏的长廊；另一个呈方形，露天的，没有经过修整。2个坑的底部都印满了密密麻麻的人的脚印和一些动物的蹄印。

这个坑长10多米，宽6~7米，坑底平整，如同一块灰白色的水泥板，上面印着许多大大小小的脚印。脚印十分清晰，都是朝向一个方向。有的脚印陷得较浅，但5个脚趾的印迹都很清晰。浅凹形的脚底板和略突的脚后跟印迹也很清晰，像是雕刻在石头上一样。研究发现，这些古人类脚的大小和我们现在人的差不多，脚印中有些是大人脚印，有些则是小孩的。还有的脚印陷得较深，像脚陷入淤泥拔出后留下的一个个小坑。

令人惊讶的是，在人的脚印中还夹杂着一些动物的蹄印，有的像山羊或鹿的印迹，有的很难分辨。在坑的一端，墙壁笔直地裸露着，那是从坑底到地面由14个不同颜色的地质层构成的。

这是一个完全没有遮拦的露天坑，约有几十米。坑底很脏，有许多树叶杂草等杂物，坑的四周也长满了野草，但仍能够在坑底看到许多向同一个方向去的脚印。而且，2个坑里的脚印竟然都是朝向同一个方向的，好像是一群人不知什么原因惊慌失措

地朝同一个方向逃命似的。

这处被尼加拉瓜人习惯称之为阿卡华林卡脚印的古人类足迹，经考古学家鉴定已有 6 000 多年历史。以前脚印并没有裸露在地面，而是深深埋在地面以下几米的泥土里。而经过数千年的大自然变迁和气候变化，尤其是雨水的不断侵蚀和冲洗，最终脚印露出地面，沐浴在阳光下了。

对于阿卡华林卡脚印，人们众说纷纭。难以理解的是，这些明晰可鉴的脚印是怎么留到坚硬的石头上的呢？为什么阿卡华林卡一带地面都是石头路面呢？经考古学家分析和鉴定后认为，这里的石头原是由附近火山喷发出来的岩浆冷却、凝固、硬化而成的，而那些脚印则是在岩浆尚未硬化成石头前留下来的。那么人和动物又怎么能在滚烫的岩浆上行走呢？

科学家在对阿卡华林卡及周围地形进行了详尽周密的考察和分析，最后发现，这里正地处尼加拉瓜火山最集中的地区，南面由火山爆发而形成的火山湖泊就有 3 个，著名的马萨亚火山就在阿卡华林卡东北面，那里曾是一片火山洼地，面积约 54 平方千米。马萨亚火山海拔 615 米，顶峰是圣地亚哥火山口，那里常年沸腾，金色熔岩时刻都在噼啪作响，最高温度可达 1015℃。马萨亚火山旁边还有一座活火山。因此几千年来，这里的火山几乎时刻都在喷发着。由此科学家们推测，很可能是哪次火山突然喷发时，人们丝毫没有防备，也来不及逃避，只得等到火山喷发间歇时找个场所躲避一下。这些脚印，也许就是被惊吓的人们在逃离火山喷发现场时留在硬化过程中的熔岩上的。熔岩的凝结和硬化过程非常快，从滚烫的岩浆化为冷却的岩石仅需要几小时。不过人们又看到，当火山喷发出岩浆后，还有大量火山灰从火山口喷射出来。火山灰就像一层厚厚的石棉盖在熔岩上一样，起到了隔热的作用，同时又让人们能在火山灰上行走时在正在硬化的熔岩上留下了清晰的脚印。

科学家们为证实这个推断的正确性，还特意在 1915 年加利福尼亚拉森火山爆发现场进行了上述试验，结果也正是如此。此外，从阿卡华林卡周围的地理环境来看，当时如果要逃走，也只能朝北面的马那瓜湖方向，而那些古人类脚印正是朝着马那瓜湖湖边延伸过去的。

不过，也有另一部分专家反对这种看法。他们认为，当一个人遭遇危险时，头脑里第一个闪念就是想方设法脱离虎口，因此这时他一定是想着怎么拼命奔跑。但现在我们看的足迹脚印间距离都非常短，这显然更像是人在慢悠悠地行走时留下的足印，而不是遇险奔跑时留下的，何况有的脚印还踩得很深，似乎连脚跟到脚踝都深入了泥土里，这只有在负荷情况下才会这样。难道人们在逃命时身上还驮着许多东西？这显然是不符合常理的。

还有些专家认为，阿卡华林卡脚印并不是在躲避灾难逃跑时留下的。因为人的脚印方向是向西的，而有些动物的蹄印却是向其他方向的。试想，在一场灾难面前，一切生物求生的欲望都会是相同的。而如果在南方发生火山爆发，人和动物就都会向北跑。因此，这些脚印可能是居住在不同地方的牧民、猎人和拣拾果实者留下的。

尽管有很多种推测都试图解开阿卡华林卡脚印的真相，但至今阿卡华林卡脚印还是被一层神秘的迷雾笼罩着。人们会带着各种疑团前来参观，但直到离开时仍对这些稀奇的脚印充满了疑惑和不尽的假想。也许有那么一天，这些阿卡华林卡脚印可以拨开迷雾见真相，也可能将永远成为一个不能解开的谜。

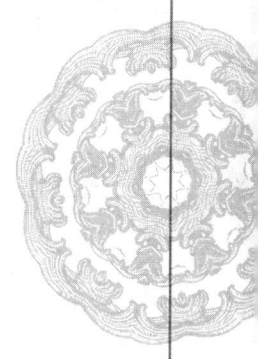

奇俗逸事

> 不同的国度有不同国度的国情，不同民族有不同民族的风情；不同地域有不同地域的风貌，不同物种有不同物种的特性。千奇百怪，仪态万方，令人大开眼界，闻所未闻的奇俗逸事让你大饱眼福。

"禁裙令"事件

男人穿裤子，妇女穿裙子，是许多国家的通常习惯。可是，苏格兰的男人，却爱穿着花格子短裙，这并不是因为他们追求时髦或标新立异，而是他们的民族传统。说起苏格兰男人的裙子，还有一段动人的历史故事呢！

原来，早在 250 年前，苏格兰高地各民族的男子就穿这种名叫"基尔特"的服装。这种从腰部到膝盖的短裙是用花呢制作的。布面设计成连续的方格，而且方格要完整地展现出来。现在苏格兰男子通常穿的裙子是附饰较少的小"基尔特"，苏格兰人称之为"菲里德伯格"，是沿腰部折褶缝成的，式样有点像百褶短裙。苏格兰男子的短裙前面还带有一小块椭圆形的垂巾和很宽的腰带。

当苏格兰还是一个独立的王国时，"基尔特"是他们的民族服装。1707 年，苏格兰被并入英格兰，但作为民族特色的裙服，他们始终没有放弃。在同英格兰统治者进行政治斗争和武装斗争的同时，他们以穿自己的民族服装来表示渴望独立的民族意识。1745 年，苏格兰爆发了反对英格兰统治的武装起义。次年，起义失败。英国汉诺威王朝统治者下了一道命令，禁止苏格兰人穿方格花呢裙子，违者要处以 6 个月的监禁；如果同一个人被第 2 次发现触犯"禁裙令"，就予放逐 7 年。但是，苏格兰人同英格兰统治者进行了持续 30 多年的顽强的反"禁裙令"斗争。到 1782 年，汉诺威王朝不得不取消禁令，苏格兰人民终于取得了穿裙子的权利和自由。

趣味文身的历史

1981年3月，历时3天的第6届世界文身展览在美国费城举行。这届文身展览可称得上光怪陆离，琳琅满目。一个名叫拉巴尼的女青年在进午餐时，穿了件背带式的黑色连衣裙，贴身是一件半长袖衬衣。这件衬衣从远处看去，真不失为一件漂亮精美的丝绸制品，用红色、蓝色和绿色印出美丽的花样。但是走近她跟前，人们才惊异地发现，这根本不是衬衣，而是文身。300名来自世界各地的展览会参加者聚集到费城，一方面是来展示自己的文身作品，同时也欣赏别人的花样。

文身的工具在世界各地也是多种多样的：日本人用带木柄的针；缅甸人用黄铜制的笔状工具；突尼斯人、尼日利亚伊博人用涂了颜料的刀；美国亚利桑那州的一些印第安人和马来亚人用荆棘，而在世界其他许多地方则通行用一般的针作绘制花纹的工具。

爱斯基摩人和西伯利亚人的文身方法较为特殊。他们把针穿上涂有黑颜料的线，这种颜料由煤烟和水、油或某种植物的汁混合而成。然后用针刺穿皮肤，使针线在皮肤下穿越以形成各种图案。

大洋洲波利尼西亚人请专业文身工匠来为自己文身，这些工匠很受当地人尊重，是社会上的特殊阶层。文身时，工匠先在人体上划出一道一道线条，然后把用木、骨或石制的小齿刀放在线条上，用一个小木槌在刀背上轻轻敲打，使它刺穿表层皮肤。接着在刺口涂上蓝色染料。

文身期间，文身者要为款待前来祝贺的贵宾多次举行宴会，此外还要向文身工匠赠送猪和席子。波利尼西亚青年男女一般在青春期文身，文身后才能成亲。社会地位较高的人，才有权在全身绘刺花纹。就两性而言，一般地说，男性身上的花纹要比女性多。马克萨斯群岛居民的文身图案最为复杂，他们甚至在头皮、眼皮和嘴唇内部绘刺花纹。

在西方，文身曾一度变得很时髦。除大部分人为表示地位、爱美和表现勇敢而文身外，也有人为迷信而文身。"文身可以保命"，这样的迷信说法，在西方就比较流行。有的海员四肢都刺上十字，说是可以不被鲨鱼吃掉；而在脚上刺上猪和鸡，是为了防止淹死。奥国皇太子斐迪南在后腰右方刺了条大蛇，以为可以不被枪打死。然而，暗杀他的子弹正从蛇的图案上穿过。

文身的历史十分悠久，要追溯起来相当困难。一般来说，只有出土的干尸才能提供具体的证据。然而，除了古埃及人以外，保存完整的干尸很少。

第一个最有力的证据是从一具公元前 2000 年的女干尸上得到的。干尸的腹部刺着平行的线条。人们现在认为线条和巫术有关，也许是为了减轻病痛，也许是为了多生育。在古埃及，似乎只有妇女才文身，而他们大都是舞女、歌女和妾。她们的文身花样往往是简单的几何图形，一般是为了促进多生子女。就是今天，阿拉伯妇女依然这样做，她们在月经后的第 2 天或第 3 天进行文身，完全是为了鼓励生育。

有关文身方面的历史记载是很少的。古希腊历史学家希罗多德在他的手记中写着："没有文身的人就不是好出身。"这说明：有钱人才文身。19 世纪末，文身一时成为英国上层社会的时尚。由于某些宗教反对文身，加之现代医学认为，文身是引起皮肤癌的一个因素，文身器具是传染肝炎的媒介，于是，文身在当今世界上已不太时兴了。然而，世界上仍有一些民族，为了某些原因，至今仍保持着文身习俗。

威尼斯趣闻

威尼斯是举世闻名的意大利"水城"。悠久的历史，别具一格的风光，曾使拜伦、歌德、海明威等著名文人流连忘返。在物质文明高度发达的今天，"水城"的固有魅力不仅不减当年，而且还因它没有别的城市那样穿梭来往的汽车，而使来访者感到别有情趣。

威尼斯

威尼斯没有一辆汽车，这虽然失去了汽车的方便，但也免除了汽车的喧嚣和拥挤。在威尼斯，除了乘船以外，在陆上，不论富的、穷的、上层、下层，人人都安步当车。客人驾车来访，也必须把汽车停放在指定的郊外停车场上，然后徒步进城。

常年步行提高了威尼斯人的"走路艺术"。威尼斯河道纵横，全市共有大小 400 多座桥。人们注意到，年轻的妈妈们竟能够推着婴儿车，从容自如地上下台阶、跨越桥梁。

矮人部族记闻

在与喀麦隆、加蓬、刚果接壤的非洲赤道森林地带，散居着古老的非洲矮人——俾格米人。他们是至今还保留着原始生活方式的一个部族。

俾格米人肤色黝黑，身材矮小，成年男子一般身高 1.4 米～1.5 米，妇女为 1.3 米～1.4 米左右，体重都不超过 40 千克。

俾格米人世世代代深居在热带原始森林里，过着游猎生活。男子擅长打猎。他们目光敏锐，步履轻捷，经常悄悄地接近野兽，飞快地掷出长矛，并且能准确地击中目标。俾格米人爱吃野味，对家畜不感兴趣，在他们那里看不到猪、羊、牛、马等家畜。

俾格米人住的是用树枝和阔叶搭的椭圆形窝棚，名叫"梦古卢"。窝棚高 1 米多，长、阔各 2 米多，中间用树干支撑，两片棕榈叶挡在门口为门。室内简陋，没有桌椅，有的人家在地上撒些树叶为铺，有的则用树枝铺地为床。在俾格米人的居住地，窝棚都排列成圆形，中间的空地上搭着族长的窝棚。离村不远的道路上，通常都有一个小棚子，这是全村的守卫所，负责征收过往旅客的过路税。

俾格米人没有文化，不会计数。他们用以物易物的办法，将猎获的象牙、兽皮与其他民族的人换取日用品。他们基本上不穿衣服，只有成年人才披点兽皮，或把树叶串起来系在腰围。夜间寒冷时，他们就围着火堆过夜。

俾格米人中的班布蒂族的多数成年人把门牙锉得很尖，妇女们还在上嘴唇穿孔，在胸口刺花刻纹作为装饰。同其他许多黑人不同，俾格米人实行严格的一夫一妻制。小伙子如果看中了某个姑娘，就带上一对象牙、几罐蜂蜜，到女方家求亲。若女方家长收下礼物，这门亲事就算定了，过些日子，男方就来娶亲。婚礼比较简单，主人用自酿的酒招待客人，大家唱歌跳舞，以示庆贺。而班布蒂族人的婚姻则多是"以人换人"。某个男子要娶某个女子，那他必须将自己的妹妹或堂妹嫁给未婚妻子的兄弟或堂兄弟，作为交换条件。

几个世纪以来，俾格米人主要靠采集和狩猎为生。同一部落的妇女，每天带着孩子，集体出外采摘可食植物的块根、叶子和果实，还捕捉青蛙、蛇、鱼和蜗牛等为食用。男子的主要任务是狩猎。如果猎获到大象，他们就割下大象的鼻子，作为战利品抱回村去报捷，全村的男女老少闻讯后，即拥向猎获物，尽情地分享象肉。在庆祝猎象成功的聚会上，最勇敢的男子受到优待，同族长一起分享象鼻子。如果一个男子曾多次猎获大象，他就被誉为"图麻弦（英雄）"，终身受到全部落人的尊敬。

森林是俾格米人生命的源泉和依靠。他们把森林称作"万能的父亲和母亲"，称自己为"森林的儿子"。他们不信宗教，不拜祖先，却崇拜图腾，因此，俾格米人的姓氏多源于生物名称。如：姓耶科托的，巴卡语意为螃蟹，耶利康巴——蜜蜂，耶西路——狮子等。每遇灾祸时，男子们便到村外，围着村子唱起低沉而优美的歌曲来唤醒"父亲母亲"，保佑他们躲过灾难。他们没有叩头跪拜的习俗，而常常唱歌达旦，这种仪式叫"莫里莫"，有时延续 1~2 个月之久。

俾格米人具有音乐天赋，人人能歌善舞。每逢节日或喜庆日子，年轻的男子便用泥土在脸上涂上不同的颜色，高声歌唱。乐师们敲起鼓，击打着"利肯贝"（用扁平的木匣子和钢条做成的乐器），姑娘们随着乐声翩翩起舞。普鲁士国王费雷德里克·威廉一世，竟下令对年满 18 岁以上的俾格米人不分性别，一律处以绞刑。20 世纪，德国纳粹在虐杀犹太人的同时，疯狂杀害俾格米人，据估计约有 50 万人被杀害。

"长颈鹿妇女国"

在缅甸东部的一个高原上，居住着约有 7 000 人的巴洞部落。由于这个部落的一个奇特习俗，波兰探险家维托尔·德戈利什称它为"长颈鹿妇女国"。

这个部落的妇女为了美，在脖子上套上一排重约 9 千克的黄铜环。这些一圈又一圈的不胜其负担的铜环，使她们的脖子变得足有 30 厘米长。

铜环的外面挂着银链的硬币，颌下还垫上一个带穗的荷包。这些都是妇女的优雅、财富和地位的象征。

每个铜环的直径为 0.8 厘米。女孩长到 5 岁，村医即开始把一个铜环套到她的脖子上。以后是在用鸡骨卜算出来的吉祥日子里戴铜环。再以后就定期加上铜环。

戴在妇女手臂和腿上的铜环使她们又增加 13.5 千克的重量。套在腿上的环妨碍走路，她们只能蹒跚而行。由于受环的束缚，妇女喝起水来不能像通常那样头往后仰，而只能身子往前倾，用稻草管吸水。据英国记者斯科特报道，这些妇女说起话来，听其音"好像是在井穴里说话"。

经过多年被铜环紧箍，脖子的肌肉萎缩了。如果一旦把铜环拿掉，必须用别的圈罩来支撑颈部，直到锻炼颈部肌肉恢复功能为止。

在巴洞部落里，惩罚通奸的妇女是把她脖子上的铜环拿掉，让头颅倒下来窒息而死。

独特的葬礼见闻

在我国西藏的藏族人中，至今仍流行着一种古老而奇特的葬礼风俗——天葬。所谓天葬，就是人死了以后，死者家属把尸体送到天葬台上，邀请自然界的鸟类来啄食尸体，同时举行一些宗教仪式。

天葬都安排在早晨进行。据说，"神鸟"啄食尸体，如果全部吃净，就表明死者生前没有罪恶，灵魂就能够升天；如果没吃干净，就意味着死者生前犯有罪过，灵魂也就难以升天了。由于这个缘故，所以天葬都要赶早进行，免得"神鸟"吃了别的东西，把尸体剩下。

按照传统的风俗，为表示对亲人的悼念，人死了以后，先由家属给死者脱光衣服，把尸体弄成蹲坐式，用氆氇裹起来，再用绳子拢住，在家里停放3天，第4天早晨就抬出去天葬。

司掌天葬的人过去称"巫师"，现在称作"天葬师"。葬仪开始后，穿着藏袍的几个天葬师整整衣服，净净手，然后各自站到天葬台的近前，一边念着超度灵魂的经咒，一边抽出藏刀肢解尸体。他们从尸体上割下一块块的肉条，扔到旁边的山坡上。

在天葬师肢解尸体的时候，另外的人在天葬台周围的山间燃起一撮撮熏烟，让灵魂驾着袅袅轻烟升天，同时，也是对"神鸟"发出邀请的信号。

先是成群的乌鸦叫着飞来了，继而，苍鹰、秃鹫、兀鹫等猛禽也从四面八方飞来，在天葬台上空盘旋一会，就俯冲下来，和乌鸦们一起啄食天葬师扔给它们的肉条。

天葬师们把尸体上的肌肉割光后，就肢解全身骨骼，最后用糌粑把碎骨和血水拌和在一起，做成面条，供给"天鸟"啄食。据说，这样做，

就能连一点血腥味都不留在地上，那么也就意味着死者整个身躯都升入了天堂。

按照藏族风俗，如果同时天葬的有男有女，就先葬男的，后葬女的。这倒不是男人有这种特权，主要是女尸的肉比男尸的肉容易吞食，所以让"神鸟"先吃不容易吞食的，然后再吃容易吞食的，不致造成过剩。

天葬师工作完毕后，就收起刀子、用具，用糌粑搓洗手上的血迹余腥，端起煮好的油茶喝完。整个"天葬"也就到此结束。

行在曼谷

曼谷是泰国的首都。最能表现曼谷特色的是车、花、边炉和冰茶。

车——

在曼谷市，真是车如流水。闹市中几条大马路，从早上8点开始，至晚上8时许，交通非常拥挤，如果参加一个宴会，20分钟可以到的酒店，往往要走80分钟。

对外国游客来说，坐车是一件苦事。曼谷的气温高达摄氏35度，马路上的汽车，如热锅里的蚂蚁，汽车喷出的废气很多，加上热浪逼人，坐在车里，使人透不过气来。

不过，曼谷的私家车十有八九装置着冷气装置。出租汽车至前两年还是清一色的老爷车，没有冷气设备。

曼谷风情

在马路上，公共汽车来来往往，开着车门，搭客站在车门口，半边身露在外面，风驰电掣，初次见到，要大吃一惊。

曼谷也有白牌车，由小型货车改装，两边为一条长板凳，沿途兜客，随意上下。这些白牌车明目张胆，警察奈何不了，背后是黑社会势力。

只有三轮车别具情调，收费最便宜，5铢车钱，相当于步行半小时路程，游览市容。

花——

曼谷到处都有鲜花，寺庙，路边，住宅门前、马路中心，到处有花，芳香四溢。

早晨，妇女第一件事，就是把一串花环奉献给"神"。"神庙"设在家门外，是一座高约一英尺的庙宇，它的造型是泰国佛庙的缩影，非常美观，一环一环的鲜花，挂在这小庙上。

曼谷闹市的一家大酒店，在店前的草坪上设了一座高约10英尺的神庙，每天吸引不少游客与当地居民参拜。

曼谷闹市的马路，是卖花姑娘叫卖的地方。这些女孩子年约12岁，穿着朴素，手中拿着一束束花环，花环的中间，是彩色的尼龙带，两端系着玉兰花、相思花和不知名的鲜花。当汽车在十字路前停下来，卖花姑娘就在马路中心汽车之间，穿梭来去，叫卖鲜花，向坐在汽车里的人兜售。

泰国的兰花，品种多得说不清，姿态万千，美艳动人。著名的蝴蝶兰、拖鞋兰、老虎兰、红兰、胡姬、紫罗兰，在许多人家的院子里都可见到。湄南河畔水上市场的近水人家，喜欢在屋后临水的棚架上，挂几株吊兰。也有以种兰花为生的，整个后园，搭起了架子，一盆盆的兰花凌空吊着。

边炉——

曼谷的气温经常保持摄氏33度上下，初到曼谷，见到很大的霓虹招牌："××著名牛肉火锅"，人们会觉得很新奇，难道大汗淋漓的天气，还要"打边炉"么？

不错，一个铜火锅端到台上，炉底烧煤，一条小烟囱从炉底伸起，炉水开了，一碟一碟的牛肉、鱼蛋、鱼片、鱿鱼、豆腐、生菜、菠菜、粉丝摆满台。人们围着火锅大嚼，并不感到热，因为室内装有冷气。

冰茶——

在酒楼或餐厅坐下，侍者先为你端茶，茶从壶里斟到杯中，是热气腾腾的。

接着，侍者又拿来盘子盛着的冰，一块一块的放进热腾腾的茶杯里。至此，冰茶就做成了。

曼谷人喝茶，不爱喝热茶，要热茶的必然是外客。这种冰茶，妙在不是冰冻了再给客人，而是在热茶里加冰，于是很热的一杯茶，立即冰冻了，当地茶客很欣赏。

与树结婚的奇事

泰国南部宋卡府乍汀拍县乍汀莫村的人们至今仍尊崇一种叫"与大树结婚"的古老而有趣的风俗。

风俗规定，在每年6月至8月间的一些特定的日子里，凡年满21岁的男子都要举行一次与大树结婚的仪式，即使是远离家乡也都必须回来参加。婚礼仪式完毕后，随即剃度为僧，直到期满还俗后才能与女子恋爱结婚。否则，只好打一辈子"光棍"。

与大树结婚的仪式，其规模和真正的男女结婚仪式一样。结婚所用的彩礼，盛放在银制的大碗里，叫做龛玛。通常有单龛玛和双龛玛两种。

龛玛由龛玛花和龛玛菜组成。单龛玛用的图案花色以及由它组成的礼品，必须是单数的；双龛玛则用双数。龛玛花通常是25封槟榔果和蒟叶。龛玛菜则包括泰国南部人们所喜爱的"拉糕"、炸面圈、米花糖、点

龛 玛

心、鸡、猪头，嫩椰子、桔子、柚子、甘蔗，以及蜡烛、席子、枕头等等。

仪式开始时，数名身穿当地服装的少女用头顶着龛玛，由长鼓队引导，列队从新郎家向举行婚礼仪式的场所进发。新郎外穿丝绒礼服，内穿洁白的衬衣，右侧腰间挎一把双锋剑，颇为威武神气。队伍来到"新娘"——一棵选定的大树面前后，把彩礼陈列在"新娘"跟前，之后就举行婚礼。婚礼开始时，新郎点燃蜡烛，分别插在大树前的每个龛玛的边上，然后由一位长者诵经。

接着，新郎一方的户主将花、槟榔果、蒟叶均分成3份，每份放1枚银元，置于枕上，由一位象征着"新娘"户主的老太太出来受礼。

等到蜡烛熄灭，婚礼仪式的主持者就把送来的食品摊放在新郎旁边的香蕉叶子上，表示婚礼结束。然后，宾客就兴高采烈地围坐进餐。

印度"陶里"奇俗

在印度，把嫁妆叫做"陶里"。女子出嫁，都要有一定的"陶里"，若"陶里"不多，男方往往对女方施以各种虐待。早期印度还有一种叫"萨蒂"的习俗，丈夫死亡，妻子要同亡夫的尸骸一起火葬。"萨蒂"在近代已被禁止，而"陶里"却在今天的印度愈发兴盛起来。仅在新德里，1978 年就有 200 起由于男方嫌"陶里"不够而将妻子活活烧死的事件。这样的事件现在仍有增无减。

"陶里"这种陋习在印度由来已久。据记载，印度在吠陀时代，女方家庭就有为新婚女儿陪送"陶里"的习俗。早先，这种习俗是自愿的，后来日益明显地变成强制性的，在实质上是贬低妇女、危及婚后妇女生命的一种陋习，给有女儿的家庭带来沉重的负担。

在今天的印度，"陶里"实际上已成了一种变相的商业交易，甚至妇女受过教育也成了增加"陶里"的一种因素。受教育愈多，要求结婚对象的社会地位也愈高，所付的"陶里"也就愈多。男青年则由于种性、所受教育以及职业的差别而具有不同的"社会价格"。例如，在奥里萨、比哈尔、北方邦和旁遮普等地，一个出身高级种性并通过文官考试或印度外交官考试的青年，至少可以得到女

方一笔价值 10 万卢比的实物或现金的"陶里"。企业经理所得"陶里"的价格稍低一些，工程师和医生又低一些。他们在结婚时可望得到汽车、冰箱、电视机、电唱机以及摆设和家具。当一般的小职员和侍役的青年也能得到自行车、半导体收音机、手表之类的"陶里"。在城市，新郎还常常要求得到一套住房。

对于妇女，"陶里"却往往导致悲惨的命运。有的因"陶里"少，过门后就受到夫家的种种嘲弄和折磨，甚至被烧死。也有的由于忍受不了夫家的折磨和凌辱而自杀。有的甚至结婚多年，已是几个孩子的母亲，终因娘家无力补偿"陶里"而被迫害致死。

不久前，在新德里有一个名叫坎钱玛拉的 19 岁的新婚妇女，被活活烧死在浴室里。据称，她的婆婆是在自己儿子的认可下把她烧死的。原因是坎钱玛拉在过门时没有带来所要求的"陶里"（1 万卢比现金，外加电视机和电冰箱）。在这个可怜的妇女被烧死的时候，她的丈夫却若无其事地睡在离她 1.5 米的卧室内。据报载，目前印度平均每天有一名妇女因"陶里"不足而被烧死。

由于根深蒂固的印度教的影响，使许多人认为妇女出嫁付"陶里"是天经地义的事，因此对索取"陶里"和迫害婚后妇女的现象熟视无睹。有关当局也无法为受害的妇女伸

冤。因而，新婚妇女受迫害的惨剧愈演愈烈，甚至发展到无缘无故地迫害妇女的地步。

走进妇女蒙纱的国度

在沙特阿拉伯，面纱对妇女来说，简直比空气和水还重要。按照传统习俗，妇女如果不戴面纱，那简直是"大逆不道"。据说，沙特阿拉伯妇女只有在个别例外的情况下才能不戴面纱，例如在闹新房时，到了凌晨3点钟，可以把面纱卸下。但当天色微明，就必须重新戴上，不得有误。

沙特阿拉伯妇女装束

在沙特阿拉伯各地，人们经常可以看到街头上"宗教警卫"在巡逻。所谓"宗教警卫"，大都是些白胡子老头。每天太阳快下山时，他们就在街头大喊大叫，催人们赶快关闭店铺进行祷告。这些"宗教警卫"中有专门针对妇女的瞭望员，凡是看到他们认为不合教规的妇女出现在街头，就要进行干预、制裁。

在黑纱笼罩下的沙特阿拉伯妇女，不能领取汽车执照；女学生上学，只能乘父兄的私家汽车，要不就是乘男女隔离的学校专用车。她们只能由女教师教课。如果教师不足而必须由男教师代课时，则师生不能共处一堂，只能通过电视教学。为了整肃风化，沙特阿拉伯还颁布了禁止男女共同使用游泳池的法令，女子美容院也被封闭了。

沙特阿拉伯妇女是不能单独到国外旅行的，必须有父母亲属陪同。但到了国外，戴面纱的规定则可置之不顾。因此，人们说，沙特阿拉伯妇女的真面目，只有在国外才能够被人们看清楚。

未知奇事

大千世界有太多的未知，所以造就了很多怪异离奇的事件，我们无从得知事件背后的真相，只能通过这些奇闻去了解、更加接近事件的本来真相。

不明飞行物嬉弄飞机事件

1975 年 5 月 6 日，墨西哥赖特上空天气晴朗，一架飞机正在赖特帕特森基地以东的空域飞行。突然，驾驶员看见 3 个编队飞行的银色不明物体，距离很难估计。它们以极大的速度朝飞机冲来。

那 3 个不明飞行物是庞大的圆盘体，呈银灰色，舷窗反射着阳光，它们飞到了飞机附近，将它夹在中间，形势十分危急。驾驶员担心发生相撞，于是降低高度，飞到离地面仅300 米的高度。可是，两个 UFO 分别贴近了飞机的两翼，另一个 UFO 则贴在机身下面。

见此情景，驾驶员异常恐慌，他再次想甩掉 UFO，便扶摇直上，一下

子升到了 1000 米的高度。但 UFO 并不罢休，仍紧紧尾随于后，同飞机嬉逐了 1 个多小时。这期间，驾驶盘上的各种仪表都僵住了，驾驶员一时失去了时间概念，事后，他在一份报告中承认，当他遭到 UFO 的袭击时，不禁哭了起来。基地的雷达亦测到了这 3 个 UFO。

对此事件十分重视的海尼克博士曾立即乘飞机赶赴现场，调查了许多目击者，掌握了大量第一手材料。《观察天空》月刊在 1975 年 8 月介绍这起案例时说："洛斯桑托斯地区的卡洛斯·安东尼亚，现年 23 岁，那天他驾机前往墨西哥城，以每小时200 千米的速度飞行在 5000 米高空。13 时 34 分，当他飞经特克斯克顿戈湖时，他的飞机突然莫名其妙地颤抖起来。他往外一看，发现右侧有一个

UFO 想象图

直径 3～4 米的盘状物体，随即他的左侧也出现了同样大小的飞行物。它们高约 1.5 米，呈深灰色，中央有隆起部分，上边有一个小窗，盘状物顶部还有一根天线般的东西。此时，第 3 个圆盘正径直朝飞机冲来，吓得卡洛斯浑身直冒冷汗，那物体从飞机底部掠过。"海尼克博士领导的不明飞行物研究中心的一份报告指出：

"……不久，与头两个完全一样的第 3 个物体出现在飞机的前方，它降低了高度，擦过飞机腹部，使飞机强烈地颤动起来，接着，那个物体就消失不见了。"

"……驾驶员发现一个物体正要从他的机身下飞过时，他本能地握住起落架拉杆，企图降低高度。可是机件失灵了。驾驶员感到他的飞机突然有了磁性。他觉得一种力把他托了起来，莫非是起落架运转失灵的结果？"

"……驾驶员试图控制飞机，但实在无能为力。于是，他嚎啕大哭起来。不过，他始终保持着同墨西哥机场的联系。机场上为他准备了降落跑道。他费力地放下了起落架，最后总算平安地落在了地面上。专家们检查了飞机，腹部果真有几道被擦过的痕迹。"

飞机两侧的那两个飞行物则向高空升去，然后合二为一，向东远离而去。这时，机场上雷达操纵员在荧光屏上看到了一个物体。后来，它在波卡泰佩尔特山方向隐没。

直升飞机被吸事件

1973 年 10 月，一架美国空军的休伊——眼镜蛇式直升飞机飞临美国俄亥俄州曼斯菲尔德的上空，飞行高度为 750 米。该机机长是劳伦斯·科因上尉，他属于基地设在克利夫兰的第 316 卫生部队。

突然，在东方出现了一个红光。机上的罗伯特·亚纳塞克中士首先发现了它。这个红光朝直升飞机疾速飞来，很快就会相撞。科因上尉以为它是架歼击机。他马上同离得最近一个空军基地通了话。让塔台人员通知歼击机飞行员立即改变航向。但他还没有得到塔台人员的回答时，红光已飞近直升飞机，无线电收发机失灵了。

为避免与红光相撞，科因上尉立即将高度降到500米。

科因上尉说："这个飞行物全速飞到我们右侧。我们确信，它是想同我们相撞。但当时发生了一件不可思议的事情：它竟在刹那之间将其1000千米的时速降低到我们直升飞机的时速——160千米！后来，它飞到我们上方，同我们一同飞行。我们看到，这是一艘雪茄状的飞船，它长约18米，外表是灰色金属，其上部有个圆盖般的东西，但并没发现任何门窗。当它出现在我们前方时，只看到它有红光发出。后来，我们发现它尾部有绿光。它从直升飞机上方掠过时，发出强烈的绿光，我连操纵盘上的红色指示灯光都看不清了，机舱内全是绿光。"

那个不明飞行物从上方掠过直升飞机后，便自转起来，尔后即向南飞去，科因上尉终于松了口气，准备将休伊——眼镜蛇式飞机拉起，上升到巡航高度，但不明飞行物重又出现在直升飞机上方。使科因上尉和其他机组人员深感震惊的是，直升飞机这时竟以100米/秒的速度，猛地从460米高度上升到1150米高度，这种上升速度，是任何直升飞机所无法达到的。当时，机组人员均无任何不适之感，他们对直升飞机的骤然升高困惑不解。

费解的大停电事故

不明飞行物对电流产生作用，许多目击报告都谈到这一点。1957年，美国空军的研究人员发现，不明飞行物是通过某种受控电磁波来干扰我们的电路的。汽车灭火、引擎停转、飞机导航仪及无线电通讯受干扰，这些现象十分危险，特别对正在航行中的飞机来说，必然是凶多吉少。然而，还有一种威胁严重地影响了公众的生活，那就是大规模的停电事故。

1965年9月23日晚上，墨西哥奎尔纳瓦卡市附近上空出现了一个巨大的淡红色圆盘形飞行物。目击者成千上万，其中有州长帕拉西。这个不明飞行物掠过市郊村镇时，所有的电灯都暗了下来。接着，圆盘物飞入了市中心上空，整个城市便陷入了一片漆黑之中，持续时间竟达数分钟。后来，飞行物向高空升去，迅速消失，城市这时才"重见光明"。奎尔纳瓦卡市市长冈萨雷斯和军区长官维加将军同州长一样，自始至终观察着不明飞行物的全部活动。

类似事件在其他国家也时有发生。在美国UFO引起的第一次停电事件发生在伊利诺斯州的塔马罗阿市。1957年11月14日，一个UFO出现在塔马罗阿市低空，致使方圆6平方千米内的电路全部中断。11天后，巴西的莫吉一米林也发生了同样的事件。不过，这一回人们看到3个UFO在空中盘旋。1958年8月3日，罗马市的一个街区由于UFO从空中掠过造成了严重的停电事故。

令人不安的停电事故在美国重要城市纽约也发生了。1957年11月9日，当一个火红的圆球体向低空下降时，各个电器和电网的电流就开始急剧减弱。汉考克机场的几位工作人员看到了一个不明飞行物。而刚从飞机上走下来的航空局官员沃尔什则发现，那是一个十分巨大的物体，它缓慢地在低空飞行，几分钟后，沃尔什又看到了第二个不明飞行物，它同第一个一模一样。

这时，教官罗斯正驾机向机场飞来。当时他还以为是地面的房屋起了火。可是，罗斯和坐在他后面的控制论专家布鲁金吃惊地发现，那个"通红的火球"竟离开了地面。它的直径30米左右，它疾速飞行，转瞬间便消失在夜空。

当时，机场一片漆黑，罗斯凭着自己的经验安全地着陆了。下了飞机，他立即向指挥塔和沃尔什作了报告。

据罗斯判断，那个不速之客悬停的位置在克莱配电站上空，该配电站控制着全纽约市的用电。当时正是市民到郊外去度假的时候，停电事故使600列地铁火车停驶，60000人被困在漆黑的隧道里。此外，数以千计的人被关在电梯中，欲坐不能，呼之无应。市内桥梁和地铁隧道一片混乱，大小汽车你挤我撞，交通事故一个接一个。

后来，美国东北部最大的发电公司的经理普拉特先生打破了几天的沉默，向报界发表谈话说："我们不知如何来解释。不过，我们的线路没有断，发电机组没有毛病，保险器也没有发生故障。"

爱迪生电业集团的发言人认为，这次停电事件，令人奇怪："大量的电能莫名其妙地被什么东西吸走了，仿佛整个电流都通入地球似的。我们无法作出解释。"

《动力》月刊主编经过周密的调查，发表了一份证据确凿的报告。内称：

"11月9日下午，亚当—贝克2号机运转正常，它用5条线路为多伦多送电，负荷远低于设计能力的极限。可是，好像有一股异常强大的电流突然流入似的，一台继电器猛烈爆炸，一条线路被炸断。"

"这件事只是正常工作中的一件小事，只要稍加检修便可以恢复线路。然而，一场噩梦开始了：仅仅过了4秒钟，整个加拿大—美国电网陷入了瘫痪。"

"几乎与此同时，多伦多的其他线路都中断了。一股无形的强大电流转眼间使克莱配电站和圣洛朗河上的电力设施遭到彻底破坏。"

《动力》月刊的这份报告是属实

的，但它对电网的安全措施和应变事故的能力只字未提。经过长期的调查，专家们私下里认为，只有一种解释，即有一股强大的电磁波袭击了电网，在转瞬间产生了超高电流，烧毁了克莱配电站和亚当—贝克变电站的设施。

经多年的研究证明，UFO 有中断电流的本领。它致使美国东北部电网发生了严重的停电事故。

奇怪的"彗星蛋"事件

哈雷彗星对地球进行周期性的"访问"（76 年一次），近几次每莅临一次，人们都发现奇怪的"彗星蛋"事件。

哈雷彗星

1682 年哈雷彗星光顾时，在德国的马尔堡有只母鸡生下一个蛋壳上布满星辰花纹的蛋。1758 年，英国霍伊克附近乡村的一只母鸡生下一枚蛋壳上清晰地描有彗星图案的蛋。

1834 年，希腊科扎尼一个名叫齐西斯·卡拉斯的人家里，有只母鸡生下一个"彗星之蛋"，鸡蛋表面的彗星图格外规则。1910 年 5 月，法国一位名叫阿伊德·布莉亚尔的妇女家有只鸡生下一枚蛋壳上绘有彗星图案的怪蛋，图案如雕似印，可任你擦拭。

这一系列"彗星蛋"事件，迫使科学家深思。苏联生物学家亚历山大·涅夫斯基认为："二者之间肯定具有某种因果关系，这种现象也许和免疫系统的效应原则，甚至和生物体的进化是相关的。"

为了能得到 1986 年的"彗星蛋"，以证实这个现象，早在 1950 年，苏联科学家便在国内联系了数以万计的农户；法国、美国等 20 多个国家也建立了类似的调查网络。恰好，1986 年意大利博尔戈的一户居民伊塔洛·托洛埃家里的母鸡生下一枚"彗星蛋"。这下子，这枚鸡蛋成了价值连城的稀世珍宝。

不明飞行物数袭莫斯科

1981 年 11 月 16 日晚上 8 点多钟，苏联莫斯科市区东部的依兹玛伊公园的无线电工程师蔡伊特斯基和好些路人看见一架发光的圆形 UFO 从公园的树丛后面突然升起，飞行于夜空之中。

蔡伊特斯基等人听见树丛后面有

妇女在狂喊："魔鬼降临了！"

妇人指着雪地上一个完整的雪融圆形，显然是热力融化的痕迹。她说："有一架飞碟降落在这里，飞碟门一开，走下来一个怪物。它的头像是倒置的漏斗，两眼又大又圆，毫无表情，它的手只有四个指头。身体有四肢，像男子的身材，好像没穿衣服或者只穿紧身衣服。"

怪人听见妇人的呼叫，立即返回飞碟内，旋即腾空而去。

UFO 登陆莫斯科并非第一次。1981 年 4 月初的一天夜里，天还没有亮，大约四点多钟，住在一幢政府公寓的几个高级工程师、苏联国防部的官员和一位医生，早起准备上班，在他们各自的房间和浴室里都看见天空列队飞行的四架发光的飞碟。

莫斯科大学物理教授齐高率领 20 位科学家调查了这一报告。他说上述目击证人都有身份地位，也非常可靠，并非捏造。

证人述说四架飞碟都有透明的塔形驾驶舱可以看见里面驾驶员的肩部以上，四个驾驶都是人类形状，头戴透明的太空盔，面部严肃。飞碟低飞掠过窗外，毫无声音。每架飞碟都向地面射出一道绿色的光。

1981 年 8 月 23 日晚上，莫斯科的退休医生博加特列夫，因失眠起来到厨房喝牛奶，突然看见窗外出现一个奇怪形状的像面团一般的发光的飞碟，浮悬在距他寓所仅约 30 米的空中。

医生吓了一跳，仔细一看，更吃惊了，那飞碟好像有眼睛一样地对他注视。突然，UFO 向他射击一道闪电般的光芒，将窗户烧了一个直径约 8 厘米的洞。玻璃圆片掉在地上，洞口十分光滑。

那天夜里，莫斯科有 60 多家的窗户被神奇的力量射熔了三个约 8 厘米的圆洞。博加特列夫是惟一目击飞碟如何袭击窗户玻璃的证人。

太空物理学家艾沙沙博士带领一批科学家调查后向当局报告："当夜至少有 17 架飞碟袭击莫斯科。"艾沙沙博士访问了很多证人，各人叙述如下：

当夜 7 点 12 分，首批飞碟出现在莫斯科的上空——是两架雪茄状太空船，长达数百米，停在约 16 千米的高空，两船并排，20 分钟后飞向北方。

9 点 20 分，许多人看见一架大小如半个月亮、白色发光的圆形飞碟。

著名的苏联太空学家史尼博士也报告说："当夜他看见一个飞碟，飞行速度估计每秒 80 千米。不久，他又看见第二架飞碟，状如巨鲸，喷射出蓝色光芒，在上空盘旋了很久时间。玻璃被烧熔的情况，恰似 1977 年 9 月在彼得市发生的一样。"

苏联的专家们研究不出到底是什么力量能使窗户玻璃的分子结构完全改变。

艾沙沙博士说:"专家们都无法解释,这是一件不解的飞碟神秘事件。国营玻璃公司的专家们无法复制跟飞碟射熔的玻璃片一模一样的物品。"

大批飞碟光临莫斯科,引起了政府的忧虑和科学家的关注,可到目前为止,还不知道这些飞碟是什么,来自何方,怎么对付……

1980年6月15日午夜时分,飞碟出现在莫斯科上空时被一位科学家拍摄了下来。对于这次飞碟的出现,齐高博士在调查报告中说:"前后达40分钟之久,最后向东方飞去。至少有数千市民目击。飞碟的形状像球,直径约90米,后面拖着一条很长的光芒尾巴。它还多次吐出较小的子飞船,分散在空中。"

苏联军官卡雅坚中校在书面报告中说:"从寓所的窗户看见大约一百英尺的空中出现一架小型飞碟,直径约6米,放射出浅红色光芒,飞得很慢。我想上前观察,但被一种无形的力量所阻止,像是碰在一面无形的墙壁上,被反弹了回来。"

中校的邻居看得更清楚,他报告说:"看见飞碟上有一个矮小的人,身着太空服,头戴太空盔,坐在透明的飞碟驾驶圆顶内。"

莫斯科国家电视公司的一位节目制作导演柯列斯夫报告说:"一架飞碟在窗外出现,向室内射出光芒,把我妻子的手臂烧灼成伤。"

当夜,苏联空军的喷气战斗机紧急升空迎战,但在飞机到达之前,飞碟突然高飞失踪。

苏联地球物理学家左洛托夫博士说:"月形的母船飞碟及子船群在数秒钟内东飞,一闪而逝,我空军机群追之不及。"

当晚莫斯科数百万市民惶如世界末日降临,奔走呼喊。隔不久,1981年5月15日晚上,飞碟再度威胁莫斯科,再次造成首都百万人的惊慌失措。这次,有数十万市民看见首都上空的飞碟,苏联国家安全部部长兼克格勃负责人玉里·安德洛普夫立刻下令调查。

克格勃派了5名高级人员率领5名顶尖科学家实地勘察,访问了25000多名目击者和数十位科学家,调查报告列入最高机密。

专案调查小组成员之一的齐高博士后来透露了部分内容。

他说:"5月15日凌晨1点27分,一架巨大的圆球形不明飞行物体出现在莫斯科以南160多千米的土拉镇,1点30分,该飞行物飞临莫斯科市区上空,3分钟内飞行了160多千米,可见速度极快。"

苏联外太空研究主任委员艾沙沙也透露说:"这个巨大的球形不明飞行物飞临莫斯科近郊某机场,并在其上空停留约半小时,空军喷气战斗机升空截击,但始终无法追上。飞碟一闪之间已飞临北郊,并在该处施放烟火似的光芒。"

莫斯科的一位机构工程师拉颇钦报告说:"我起先看见飞碟中央爆发一阵白色强烈闪光,后来变成巨大的橙色光芒,中心仍是白光。继之像流星花般的火点射向市区地面。这回母船放下了3架小飞碟,然后飞走了。"

"母船放出的第一架子飞船飞临克里姆林宫。第二架子飞船飞临莫斯科火车站。"艾沙沙博士也说:"第二架飞船在火车站上空浮悬了2个小时,然后飞到附近的一个湖面上,几秒钟后,它没入湖底。"

艾沙莎博士认为这次的飞碟可能是1980年6月15日那次来访问的飞碟,此次大概是再访。

除莫斯科之外,苏联其他地方也出现了飞碟:

1980年6月14日,一架苏联空军的喷气战斗机在执行巡逻时遭遇到一架雪茄状的飞碟。空军基地的雷达也发现了它,并命令战斗机的驾驶员的艾柏拉克辛前去截击或迫降。

战斗机截住了飞碟,还未开火,对方先发制人,向他射击。射出的是扇形强光,喷气机的引擎立刻失灵,同时驾驶员双眼失明,盲目地操纵着飞机,滑行着陆。

1981年10月22日,苏联空军上尉杜柏斯妥夫驾机在北极圈内的北冰洋上空巡逻,突然发现一架巨大的圆形飞碟,直径大约274米,正浮悬在低空,几乎贴着水面。上尉立刻电告

基地,上级令他追踪飞碟。于是他向飞碟飞去,他绕着飞碟飞了半圈,飞碟立刻向他射出圆锥形的强烈光柱,飞机的引擎和所有仪器立马失灵,飞机急速下降,而那架巨大的飞行物也突然加速,无声地从飞机旁一掠而过,旋即直升高空,瞬间消失得无影无踪,只留下一条蓝色的喷气。

上尉好不容易才把失灵的飞机驾回基地,向上级报告经过,地勤人员检测机件,无法查出让仪器失灵损坏的力量是什么射线。

齐高教授说:"北极圈内出现飞碟是常见之事,外太空飞的不明飞行物,多数先进入北极圈,以逐渐进入地球的磁场。飞碟离开地球时,也从北极出发,以便解脱地球的磁场吸力。在我们的档案里,还有数百件北极发现飞碟的报告。"

艾沙沙博士说:"北极圈苏联的领海内,在过去的5年里已出现过36次飞碟事件,其中许多报告看到飞行物体出没于北冰洋冰冻的海水之中。在日本海和苏联沿海出现的飞碟更多,在过去的7年里达190件,大多出没于海水与天空,经查证完全属实。"

1980年8月16日子夜二时许,苏联海军窝罗比耶夫号运输舰在海参崴外海航行时,突然发现日本海上出现飞碟,舰长彼得洛夫上校向海军基地报告称:日本海上出现灰色金属光泽的不明飞行物体。他的报告书长达160页,记述了6次见到飞碟的情形。

他说有 2 次见到大约有 180 米长的圆筒形母船，它放出小型飞碟潜入海里，又有回航的小飞碟飞进巨筒的口内，这架巨型圆筒没有窗洞。

有一次，由水中飞出来一架 9 米长的圆筒，飞到他的舰舷外 15 米处，好像是在侦察。

他和全体船员都在报告书上签了名。艾沙沙博士曾对外承认有这份报告。艾沙沙说："相信来自外太空的飞碟已经在北冰洋和日本海分别建立了海底基地。有一次，一艘苏联轮船在雾中迷失了方向，后来有一架飞碟出来领航，带它安全通过了波涛汹涌的鞑靼海峡，时间长达 36 分钟。"

艾沙沙博士等科学家调查的飞碟事件中，有一件是外太空人或其机器人下落的。

1980 年 1 月 7 日下午，两名苏联林场管理员在苏联与芬兰交界的山林中巡查，突然看见一架银光闪闪的球形飞行物体浮悬在积着白雪的山坡上空，它没有窗洞，没有门，也没有接缝。

这两名林场管理员一个是 38 岁的艾柯，一个是 36 岁的沙维，他们熟悉山林的情况和各种景象，他们从未见到过这样的东西。正在猜疑着，圆球着陆了，从底部伸出一支圆支柱，竖立在雪地上。

后来，圆柱开了门，走出一个 0.9 米高的人，全身穿着深绿色紧身衣服，闪闪发光，没戴太空盔，手戴白手套，一直到肘部。他的面部皮肤惨白可怕，鼻子很钩，耳朵竖起有尖桃，很像狼狗的耳朵，肩部很窄，两手很小，跟小孩的手差不多。这人面无表情，行动不太灵活，不像是活人，倒像是机器人，颈上挂着一架好像是单筒望远镜的东西。

两个山林管理员大骇，沙维举起雪橇反指着向他们走来的怪人，两个人慢慢后退，怪人突然取下挂在颈上的圆筒向他们一指，射出一束强光，把两人的眼睛照盲了，两人躲闪不及，失去了知觉。等他们苏醒过来，视力恢复了，那怪人已经失踪，那巨大的金属球已经飞上高空，消失在一团红光云雾中。

据当地医生柯索拉诊断说："两人是被辐射所害。"

两人跟医生叙述了经过，医生报告了当局，艾沙沙博士等赶来访问，认为两人讲的是实情，这一件外太空飞碟与机器人的降临确实发生在一处山林雪地，地名叫克斯坦加，位于彼得市西北百余里。

前苏联对飞碟的关注远比美国要认真，因为苏联疑心那些飞碟是来袭击它的，而且更怀疑是美国放出的秘密太空侦察武器，而不是什么外太空的来客。

若干年前的"死丘事件"

作为被科学家列为世界上难解的

三大自然之谜之一的"死丘事件"，大约发生在距今 3600 多年前的某一天，位于印度河中央岛屿的一座远古城市的居民几乎在同一时刻全部死去，古城也随之突然毁灭。直到 1922 年，印度考古学家巴纳尔仁才第一次发现了这座古城的废墟，因城中遍布骷髅，所以称之为"死丘"。

死　丘

然而，远在 3600 多年以前，何以有文化相当发达的古城？而古城为什么又会突然灭绝？其真凶又是谁？一系列的问题使科学家一直困惑了 70 年，至今仍未找到一个圆满的解释。

摩亨佐达罗是印度河流域最大的文明古城，位于今巴基斯坦信德省拉尔卡纳县境内，在当地方言中，摩亨佐达罗的意思是"死亡之丘"。该城遗址于 1922 年被印度考古学家拉·杰·班纳吉等人首次发现，根据 ^{14}C 测定，其存在年代为公元前 2500 ~ 前 1500 年间，虽然其历史比古埃及和美索不达米亚略晚，但影响范围更大。在距摩亨佐达罗城几百英里以外的北方，人们也发现了布局相同的城市和规格一致的造房用砖。

从遗址发掘来看，摩亨佐达罗非常繁荣，占地 8 平方千米，分为西面的上城和东面的下城。上城居住着宗教祭司和城市首领，四周有城墙和壕沟，城墙上筑有许多瞭望楼，上城内建有高塔，带走廊的庭院，有柱子的厅以及举世闻名的摩亨佐达罗大浴池。浴池面积达 1063 平方米，由烧砖砌成，地表和墙面均以石膏填缝，再盖上沥青，因而滴水不漏。浴场周围并列着单独的洗澡间，入口狭小，排水沟设计非常巧妙。和上城相比，下城设置比较简陋，房檐低矮，布局也不规整。可能是市民、手工业者、商人以及其他劳动群众的居住之地。

此城具有相当明确的建设规划，总的来说，布局科学、合理，而且已经具备现代城市的某些特征。整座城市呈长方形，上下两城的街区，均由纵横街道隔成棋盘格状，其中，也有东西和南北走向的宽阔大道。居民住宅多为两层楼房，临街一面不开窗户，以避免灰尘和噪音。几乎每户都有浴室、便所以及与之相连的地下排水系统。此外，住宅大多于中心地方设置庭院，四周设居室。给人的印象是，该城清洁美丽，居民生活安详舒适。这座城市已经达到了相当高的文明水平，考古学家从遗址中发掘出大量精美的陶器、青铜像以及各种印章、铜板等，还发现了 2000 多件有文字的遗物，包括 500 多个符号。目前，学者们正在加紧进行释读。

在古城发掘中，人们发现了许多人体骨架，从其摆放姿势来看，有人正沿街散步，有人正在家休息。灾难是突然降临的，几乎在同一时刻，全城 4 万～5 万人全部死于来历不明的横祸，一座繁华发达的城市顷刻之间变成废墟。

然而对于"死丘"毁灭的原因，科学家们还是从不同的角度做了种种推测。

有些学者如雷克斯、威尔帕特等，从地质学和生态学的角度进行了解释，认为"死丘事件"可能是由于远古印度河床的改道、河水的泛滥、地震以及由此而引起的水灾，特大的洪水把位于河中央岛上的古城摧毁了，城内居民同时被洪水淹死了。然而，有些学者不赞同上述说法，认为如果真的是因为特大洪水的袭击，城内居民的尸体就会随着洪水漂流远去，城内不会保存如此大量的骷髅。考古学家在古城废墟里也没有发现遭受特大洪水袭击的任何证据。

有些学者猜测，可能是由于远古发生过一次急性传染疾病而造成全城居民的死亡。然而这一说法也有其漏洞，因为无论怎样严重的传染病，也不可能使全城的人几乎在同一天同一时刻全部死亡。从废墟骷髅的分布情况看，当时有些人似乎正在街上散步或在房屋里干活，并非患有疾病。古生物学家和医学家经过仔细研究，也否定了因疾病传播而导致死亡的说法。

于是，又有人提出了外族人大规模进攻，大批屠杀城内居民的说法。可是入侵者又是谁呢？有人曾提出可能是吠陀时代的雅利安人，然而事实上雅利安人入侵的年代比这座古城毁灭的年代晚得多，相隔几个世纪。因此，"入侵说"也因缺少证据而不能作为定论。

在对"死丘事件"的研究中，科学家又发现了一种奇特现象，即在城中发现了明显的爆炸留下的痕迹，爆炸中心的建筑物全部夷为平地，且破坏程度由近及远逐渐减弱，只有最边远的建筑物得以幸存。科学工作者还在废墟的中央发现了一些散落的碎块，这是黏土和其他矿物烧结而成的。罗马大学和意大利国家研究委员会的实验证明：废墟当时的熔炼温度高达 1400～1500℃，这样的温度只有在冶炼场的熔炉里或持续多日的森林大火的火源才能达到。然而岛上从未有过森林，因而只能推断大火源于一次大爆炸。

其实，印度历史上曾经流传过远古时发生过一次奇特大爆炸的传说，许多"耀眼的光芒"、"无烟的大火"、"紫白色的极光"、"银色的云"、"奇异的夕阳"、"黑夜中的白昼"等等描述都可佐证核爆炸是致使古城毁灭的真凶。

可是历史常识又告诉我们：直到第二次世界大战的末期，才发明和使用了第一颗原子弹，远在距今 3600 多年前，是绝不可能有原子弹的。

也有人认为，在宇宙射线和电场的作用下，大气层中会形成一种化学性能非常活泼的微粒，这些微粒在磁场的作用下聚集在一起并变得越来越大，从而形成许多大小不等的球形"物理化学构成物"，形成这种构成物的大气条件同时还能产生大量的有毒物质，积累多了便会发生猛烈的爆炸。随着爆炸开始，其他黑色闪电迅速引爆，从而形成类似核爆炸中的链式反应，爆炸时的温度可高达 1.5 万度，足以把石头熔化。这个数字恰好与摩亨佐达罗遗址中的发掘物相一致。据推测，摩亨佐达罗可能是先被有毒空气袭击，继之又被猛烈的爆炸彻底摧毁。而在古城的大爆炸中，至少有 3000 团半径达 30 厘米的黑色闪电和 1000 多个球状闪电参与，因而爆炸威力无比。

还有人认为，摩亨佐达罗毁于外星"宇宙飞船"。英国学者捷文鲍尔特和意大利学者钦吉推测，3500 万年前，一艘外星人乘坐的核动力飞船在印度上空游弋时，可能意外地发生了某种故障而引起爆炸，以至造成巨大灾难。然而外星人是否存在至今仍是一个未解之谜，故此证据不足。

对以上几种观点，现在还难以判断是非。这桩奇事广为流传。

巴西的一起奇特案例

1996 年 1 月在巴西的米纳斯吉拉斯地区，瓦尔银哈市附近发生过另外一个不明飞行物案例，非常不同寻常，但却获得了大量证词可以证明其真实性。数个证人报告说看见军队将一些外表特别的"类人生物"装上汽车，只有两份证词提到当时有一个不明飞行物从该地区的超低空飞过，但无人报告有真正意义上的坠毁事件发生。

怀疑主义者们迫不及待地指出从南美洲传来的不明飞行物的故事经常是有声有色，并且极富有戏剧性，而他们也注意到法国式的近距离相会一般来说是理智而温和的。在其薰衣草地里采摘时看见小小外星人的莫里斯·马西便是一例。怀疑主义者们说，你们从未发现这一切均源于观察者的社会心理状态吗？然而，莫里斯·马西遭遇的事却是有根有据，是经过警察总队调查，并且在外普罗旺斯取得了不明物体在地面留下的印迹。

无论说瓦尔银哈事件是如何被描绘得"有声有色"，人们仍然必须认真地对待它，因为有大量的目击者——1996 年底，已经有 60 来人，其中十来个是军人，这是异乎寻常的，调查的质量也很高，而且还未结束。应该指出的是，如果这是一起庸俗的骗局的话，其中有一个难以置信的巨大漏洞：尽管目击者的人数很多，却没有关于不明飞行物着陆或失事方面的证词。无论如何，这件事看起来是可信的，但很勉强，哪怕对赞同存在不明飞行物的人士也是这样。如果我们必须用社会心理状态评论的话，也许应该作如下忠告：请当心有人编造关于外星人的虚假消息！

这个事件的首要新奇点在于它发生在一个人口比较稠密的地区，几乎是在一个18万人口的城市——瓦尔银哈的城门口，到里约热内卢的直线距离约240千米。在众多目击者当中首先叙述这件事的是3位年轻姑娘。1996年1月20日将近15点30分（因此，这是一个南半球夏天炎热的一天），16岁的莉丽阿娜·法蒂玛·席尔瓦，她的妹妹14岁的瓦尔基利亚·阿巴尔西达·席尔瓦，和她们俩的朋友22岁的安德拉德·克萨微，3位均给他人当仆人。她们当时正在返回位于亚第姆—安德雷市郊区的途中。当她们经过一块空地时，发现一个具有人体特征、但形状奇怪的"人"（一个头，一个躯干和四肢）身靠一个被抛弃的车库的墙根蹲着：个头不大，约有一米高，裸体；皮肤为深色，有光泽，无汗毛；头相当大，光秃秃，没有毛发；两只大红眼睛，没有瞳孔，额头上有3个鼓包

（但不是角）；脖根处的粗大青筋突现，很吓人。它的手好像只有3根手指，脚比我们的大，但还成比例。那个"人"散发着酷似氨气的强烈的臭味。当年轻姑娘们走到距离它几米处时，它朝她们转过头来，她们被吓坏了，以为遇见了鬼，便一溜烟地逃跑了。许多人听到了她们的叫喊声，向消防队报了警。消防队很快赶到了，同时来的还有一些军人。那个街区的居民此时看着他们用一个网将那个"人"逮住，装上一辆卡车。事件很快变得愈来愈富有色彩，因为一位调查员得到报警后，第二天也赶到了现场。法律教授兼律师佛朗哥·罗德里格是有名的严谨调查员，他同三个姑娘以及那两个最小的女孩子的母亲卢伊萨·埃莉娜·席尔瓦谈了话，然后，接着又会见了刚刚调查过另一起类似事件，但并未听说前一起的一位不明飞行物专家罗德里格·巴卡西尼！他们协调了他们的工作，这无疑是得益于他们调查的迅捷，才收集到了军人们的证词。因为几天之后，这些军人便得到对此事件保持沉默的命令，否则将受到被监禁的处罚。

这个事件的故事很长，也很复杂。不仅在巴西媒体已经被广泛传播，而且在1996年6月不明飞行物专家的一次全体会议上以及以后几个月内全世界的新闻界均对此作过详细介绍，现在让我们概述一下它的结

果。我们手头甚至有一盘美国人约翰·卡彭特在上述全会期间录制的录像带。他录制了他同巴卡西尼的一次长时间谈话，斯坦顿·弗里德曼和英国人格雷厄姆·伯索尔也参加了谈话。巴卡西尼是一位充满活力，并很幽默的年轻人，看上去完全值得相信。我们还拥有另外一份证词，是美国的一位著名物理学家——约翰·马克博士（同时也是有关几起绑架事件的一位重要调查员）的。约翰·马克博士同三位年轻姑娘进行一次深入谈话之后，认为她们是真诚而可信的。

在此应该指出的是 1996 年初在巴西出现过一段不明飞行物的观察高潮。其中的一份证词，即巴西的阿福拉尼奥·达科斯塔的，同我们所关心的事件有联系。1996 年 1 月 13 日，他看见一个巨大的飞行器在他的瓦尔银哈郊区的房子上方飘荡。1 月 20 日夜间，农夫欧利科·德·弗里达斯和他的妻子被骚动不安的牲畜吵醒。他们看见一个酷似"潜艇"的灰色物体在距离田地约 5 米的上空缓慢地、静悄悄地移动。它散发出少许烟雾，好像由某种震动而致，它有少些抖动。再次提醒大家：当心人们编造有关外星人的荒唐故事！话是这么说，然而他们对所见物体的描述同前一个星期观察的证词相当一致。而且，弗里达斯的农场位于那三位姑娘在同一天与"外星人"遭遇的瓦尔银哈郊区仅 10 千米处。

这个戏剧性的故事意味着什么呢？人们曾经力图想象出一个外星人近乎发疯的大胆"试验"：将它们在某个大气层被高度氨化的星球上劫持的、令它们厌恶几个样品留在地球的某个角落，目的是观察它们以及人类会作出何种反应！很有趣，对吧？除非这又仅仅是在蓄意制造混乱、破坏有关不明飞行物的调查，以让怀疑主义者们高兴。

但是，档案中还有许多其他的证词，其中包括报告曾经发生过多起劫持事件。第一件发生在上午 10 点，是由消防队员在亚第姆—安德雷公园进行的。那些消防队员正在那个空旷的场地训练用网捕捉野生动物。一位目击者亨利克·何塞，从他家中看见了整个过程。那个"外星人"，同三位姑娘看到的相似。据巴卡西尼收集到的证词讲，那个"类人生物"受了伤，小小的嘴巴中发出一种类似大群蜜蜂的嗡嗡声。由消防队员从特斯—科拉克士官学校叫来的一班士兵包围了公园，将那个"外星人"装上卡车，便匆匆忙忙离开了。

此行动的结果是不肯定的。一些目击者称下午逮到的那个"人"被送往瓦尔银哈地区医院，后来又送往医疗条件更好的乌马尼多姆医院，然而，它在 22 日晚上 6 点死去。15 个医生参加了对它的解剖。如果这一切都是真实的，这样的秘密还能维持多久呢？后来一些军人戴着面罩及手套来取走了尸体，送往圣保罗州坎皮纳斯的军事学校。其他目击者说1月20日在圣保罗机场，22日在坎皮纳斯机场，各发现一架美国军用大型运输飞机。这件凄惨的事件还有给人印象深刻的一面是：参加过劫持行动的一位青年警察两天后死去，官方说法是肺炎。他的家庭接到命令必须对此保持沉默。军事及行政当局，特别是军校校长——此行动的主要负责人——高勒贺·利马将军，对整个事件自然是矢口否认。两位年轻姑娘的母亲确认有人给了她一大笔钱让她否定她作的证词；年轻的调查员巴卡西尼在卡彭特的录像中证实他感觉受到威胁。我们祝愿他以后在对未发生过的事件的调查中能有好运气！

笼罩在最近发生的一件事情上的神秘气氛促使我们对半个世纪以来流传的有关一些秘密行动的传闻进行核查，我们能从这条无疑是真假混合的迷宫中理出些确实可信的东西吗？

"泰坦尼克"号被攻击事件

"泰坦尼克"号真的是与冰山相撞而沉入大海的吗？几十年来，有关"泰坦尼克"号遇难的真正原因一直是科学家们探索和研究的焦点，也是一个令人费解的世纪之谜。要知道，"泰坦尼克"号当时堪称"世界上最大的不沉之船"。

1985年，海洋勘察人员在大西洋底终于发现了已沉睡了73年的"泰坦尼克"号。他们在对其残骸进行勘察时，在其右舷的前下部发现一个直径恰好是90厘米的大圆洞，叫人百思不得其解的是，这个大圆洞的边缘十分圆滑规整，好像是被一种圆规状切割工具加工后形成的。美国皇家海军舰艇专家雷蒙托·塞兹涅尔会同国际专家组对"泰坦尼克"号船体右舷前下方的神秘圆洞进行水下拍照和测量等综合研究后确认，"泰坦尼克"号是被一种功率强大的激光束击穿后，底舱进水而翻沉的。专家们的理由和依据是，假设"泰坦尼克"号是因撞上冰山而遇难，理应在船体的球鼻首处或其周围部位留下不规则形洞痕，或船体钢板出现不规则的开裂现象，可是事实并非如此。

美国《旧金山纪实报》记者获得的一份绝密档案中说："据幸存的'泰坦尼克'号船员证实，海难发生时，他们站在'泰坦尼克'号的甲板上观察，发现大海中有一些奇怪的'鬼火'神出鬼没地运动着，这些扑朔迷离的'鬼火'像是从一艘来历不明的'幽灵船'上跑出来的。"

然而，历史学家们最终指责美国人的"加利福尼亚者"号船长斯金尔·洛尔德，就在发生海难的那天夜里，他的船就处在附近海域，面对"泰坦尼克"号见死不救。就在洛尔德船长临终前，他还一直坚持地认为，当时从"泰坦尼克"号上能清楚地看到另一艘来历不明船只的"鬼火"。这一神秘的幽灵船当时正处在"泰坦尼克"号与"加利福尼亚者"号之间的水域。"加利福尼亚者"号的其他船员还证实说："我们目睹了这艘行踪诡秘的幽灵船，它出现不久便瞬间消失在大洋深处。"

超自然现象专家对沉没的"泰坦尼克"号水下残骸的录像资料和照片进行详尽研究后得出一个令人震惊的结论："泰坦尼克"号是意外遭到不明潜水飞行物（USO）射出的激光束的攻击而进水翻沉的，然后它潜入水中，不久又浮上水面观察"泰坦尼克"号翻沉的惨景。当"泰坦尼克"号沉没后，幽灵般的不明潜水飞行物便飞离这里，或潜入大海深处，进而留下震惊世界的世纪之谜。

随着时光的流逝，"泰坦尼克"号却给科学家们带来意想不到的礼物——按照"泰坦尼克"号残骸考察计划，在对船体依次拍摄的一系列水下照片中，发现一些来历不明的神奇发光体。最初，研究人员认为，这可能是某种深水鱼群，不过，当研究人员借助电脑再次对这些水下照片进行更详细分析后发现，确实有一些来历不明的人造发光体围绕着"泰坦尼克"号游弋。乘深潜器亲临海底考察的海洋学家确认，海洋中再也找不到跟这些神奇发光体类似的东西了，它们很像在空中飞行的那些UFO，但又

有别于它们，不是那种典型的飞碟，而是类似世界各地的许多目击者见过的那种能量凝聚体。在6幅水下照片中发现8个这种神秘的潜水发光体。

研究人员就上述海洋怪异现象向有关国家的海洋部门进行咨询，却毫无结果。无论海军司令部，还是"和平号"潜艇，对这些会游弋的UFO都未能作出任何解释。另据可靠消息，无论哪一个国家都未在这一海区内进行过任何形式的科学考察或实验。美国政府曾派出一个专门小组就类似海洋怪异现象进行军事调查，但都未能具体查清事实真相。

美国著名飞碟专家伊莱·克罗温博士确认，惟独毋庸置疑的是，这些海中不明潜水飞行物似乎来自地球外，我们地球上从未有过这类怪物。然而，这种神秘发光体的构造及制造技术对科学家们来说迄今仍是个谜，甚至到下世纪，此谜也未必能够破解。有关这些神秘的发光潜水物之用途至今仍不清楚。或许有人决定帮助我们，或许有人前来骚扰我们，还可能他们在面对面地监视着我们。有的科学家推断，他们是否是宇宙人，来自我们迄今未知的水下文明，或来自另一个"平行世界"的神秘政客，抑或在大西洋覆灭的自然悲剧中幸存下来的子孙后代——这一切是当今文明人类根本无法确知和破解的超自然现象。

负责这项水下怪异现象研究的

勃·贝利博士还证实说："我所担忧的是，我们从来就不知道这究竟是怎么一回事，因为在下一组海底照片中，再也找不到这些神秘的水下发光体的任何'蛛丝马迹'，它们好像是到这里游弋，观察了一阵子后，便瞬间内离开这里去干它们自己的事儿去了……"

伊泰勒普碉堡袭击事件

UFO开始攻击军事设施！出现在巴西陆军碉堡上空的UFO攻击的两位哨兵称，部队一进入备战状态时，碉堡的电力系统就出现故障。在这之前的数10分钟一架飞往圣保罗的运输机也受到UFO袭击。

两位哨兵眼睁睁地看着浮在空中的巨大飞行物体，没有任何反应。本来一遇到紧急状况就必须向指挥室报告的，但一看到这种超现实的景象，他们两人根本失去平常的判断力。

这里是距巴西首都巴西里亚东部15千米远，位于海岸附近的伊泰勒普碉堡。这里是为了保卫首都所设的陆军碉堡。

两位哨兵发现这个不明飞行物体的时间是1957年11月5日凌晨2点左右。起初，物体看起来只是在大西洋水平线上的一个光点，所以他们以为是星星或是别的东西，并不太在意。但仔细一看，那个光点正逐渐接近过来，并极迅速地来到碉堡上空，

在300米高的空中停了下来，然后摇摇晃晃地慢慢降落。

橙色的光线照亮了炮塔，使得四周呈现出可怕的气氛。光体在离炮塔50米高的地方停止不再下降。两个人看到这个直径30米的圆形怪物靠得这么近时，才意识到自己已身陷险境。虽然两人身上都有步枪，但不仅没有射击，连警铃也没有按，因为他们觉得在这个庞大的怪物体之下，自己的装备和抵抗都是没有意义的。

两位哨兵被看不见的热波所袭击！

接着有种像是机械声的隆隆响声传到这两个吓呆了的哨兵耳中。同时两个人觉得身上一阵热，皮肤好像要被烧焦似的。但是他们并没有看到任何光线或火焰，两个人痛苦地哀嚎着，想要逃离热波的攻击，但其中一个已经昏倒在现场，另一个则躲到碉堡的阴影下。

其他哨兵听到他们的惨叫，知道出事了，很快便进入备战状态。然而就在此刻碉堡内的灯火全部熄灭了，电梯、通讯装置、转动炮身的马达也完全失去了作用。连紧急备用电源也失灵了。

而且，热风也吹进了碉堡内，这使得原本相信铁石做成的碉堡是永不被摧毁的其他哨兵，心中也不禁开始担心了。更奇怪的是，原本闹钟也应该因停电而不动了才对，但却比预定时间提早了3个小时铃声大作，使得碉堡陷入一片恐慌之中。

数分钟后，那些可怕的机械声停止了，所有的灯也大放光明。

当时，有几名士官也看到那并不是战斗机而是全身发出橙色光辉的庞然大物，在垂直上升之后很快就消失不见了。在四处搜寻之后，只见一名哨兵已经昏迷，另一名在炮塔阴影下的哨兵也已经神经错乱。他们立刻被送到医务室去，经过军医的检查，发现两人全身二级灼伤。

在这两人可以详细地说出这件事的始末时，已经是好几个星期后的事了。

事后接到报告的巴西陆军司令部马上请空军在伊泰勒普碉堡上空实施哨戒飞行。而在空军大范围的搜索之后，并没有找到任何飞行物体所留下的痕迹。巴西政府相当重视此一事件，便经由美国大使馆的联络，请求处理 UFO 事件经验丰富的美国空军协助秘密调查。

数日后，美国空军的军官们就到了碉堡，马上组成一个调查小队。在这里得到很多有关此事件的重大情报。伯鲁多阿雷克雷机场也在碉堡受到攻击之前看到过奇怪飞行物体。在伊泰勒普碉堡被袭击之前 2 小时左右，在距首都 1000 千米左右的里欧格兰达多斯鲁州的伯鲁多阿雷克雷机场有一架民航机起飞前往圣保罗。那是巴里达航空的 C – 46 型运输机，凌晨 1 点左右在桑达卡达里那州的阿拉卡上空朝北 100 米，视野非常好。

就在这时，贝伊克机长看到左前方有个红色光点正逐渐向他们接近过来。听多了 UFO 事件的机长在好奇心的驱使下改变航线朝那光点飞去。

UFO 一直向运输机飞过来。忽然整个飞机内部充满烧焦的味道，机长吓了一跳马上检查各项仪器，发现自动方向测知机和无线电都已经烧坏，右翼的引擎也在冒烟。就在他们忙于灭火之时，UFO 已不见踪影了。机长也不能到圣保罗去了，只好失望地返航。

就在这件事发生的数十分钟后，怪物体便袭击了伊泰勒普碉堡。调查小队认为由发生的时间和地点来看，两个事件很明显的是有所关联。但到底 UFO 为什么要攻击碉堡呢？在会议中一位美国士官根据空军的资料做了以下的说明：

"自从人类发射史普多尼克 1 号人造卫星之后，就相继地发生 UFO 事件。这代表外星人对地球人类进出宇宙已经提出警告。"

但是这假设在有人提出"为什么科技远胜地球人的外星人要对人类提出警告呢？又为什么不攻击发射史普多尼克卫星的苏联呢？"的疑问后便被推翻。但从 12 年后人类便登陆月球，实现了宇宙旅行这件事来看，这个警告来得并不算太早。

发生在巴西的怪事

1973 年 5 月 22 日早上 3 点，41岁的巴比罗开着车子回家。他是巴西圣保罗州公众图书馆馆员，是有两个女儿的爸爸。那天的天气很不好，下着雨。他以每小时 90 千米的速度驾车行驶着。为了减少路上的寂寞，他打开了收音机。当汽车接近一个小山坡的时候，收音机突然没有声音了。他开开关关地调试着收音机，就在同时，车子引擎的响声慢了下来。巴比罗立即换成了二档，想增加马力。

就在这时，他突然看见车子里有一束明亮的圆形蓝光，直径大约有20 公分。这个奇怪的"光"在慢慢地移动，掠过他的工具箱、座位、一个锁着的手提箱（里面有私人文件）、车顶和他的双腿。当这"光"掠过工具箱上面时，巴比罗居然可以透过蓝光看到驾驶室隔开的引擎。巴比罗十分疑惑：为什么月亮有这样奇怪的光学能力呢？他想起来了，车外正下着雨，而且天空乌云密布，哪有月亮？

当他这样想的时候，突然发现有一道明亮的蓝光，从他正要上去的山冈照向他。光源看来迅速地接近他，越来越明亮。他以为是一辆货车，正在迎面驶来，赶紧把车子开到路旁，开亮车灯，以免相撞。然而，这辆"货车"却不顾一切地继续向他接近。为防止意外，他急忙摘下眼镜，俯身在车子里，双手抱住了头。

他这样在车子里待了一会儿，发觉这辆"货车"并没有经过，就爬了起来。就在这时，他突然看见在车外约 15 米远的地方悬着一个离地面10 米左右的物体。巴比罗认为，这一定是一架要降落的直升飞机。他开始感到闷热和窒息。他想透一下气，于是就开了车门走到车外，但外面还是同样的闷热，令人窒息。

他抬头往上看，听到一阵嗡嗡的声音。这个时候，巴比罗才恍然大悟，他看到的不是一架直升飞机，而是一个从来没有见过的奇怪物体。这个物体看起来像个两面隆起的盘子，大约有 7 米半厚，11 米宽，其表面呈黑灰色。巴比罗无法更详细地看清楚它。"盘子"的内部异常明亮，但却看不到光源。

巴比罗仍然感到闷热和窒息。他发现有一个"透明的布幕"慢慢地由右至左，把物体包围了起来，当完全包住后，闷热和缺乏空气的感觉消失。与此同时，他看见有一根"管子"从物体底部伸向地面。

巴比罗突然意识到自己可能有危险，就惊慌失措地跑向树林。他急急地奔跑着，足足跑了 30 米远。这时他觉得有东西在抓他的背，像有个"橡皮套索"围困着他。他奋力挥动着手臂，竭力想挣脱抓着他的东西。但背后并没有什么东西。

巴比罗转过身来，看到背后的车子。那个奇怪的物体还在，有一道"蓝管子似的光柱"从物体底部的边缘射出来，直径大约有2米。当这道蓝光碰到他的车子时，怪事发生了，他能看到引擎、座椅和整个车子的内部。他绞尽脑汁也无法理解所看到的现象。由于心情的极度紧张，他昏倒了。

1小时后，有两个年轻人驾车从那里经过，发现巴比罗脸朝下趴在雨地里，他的车子开着前灯，右前门敞开着。想到可能是谋杀案，这两个年轻人赶到警察局，报告了他们的发现。

警察到达现场，发现巴比罗仍然无知觉地躺在雨里。他们发现一张巴西北部公路地图落在车前地上，在车内，巴比罗的手提箱被打开，里面的支票、相片、公文等散落在整个车内，巴比罗身上没有任何伤痕。他们把他翻过身来，巴比罗才逐渐苏醒。

当他镇静下来后，他将发生的事情告诉了警察，并确认地图、支票、公文和照片等本来是锁在手提箱里的，而钥匙一直在他的口袋里。没有任何东西被偷，他的车子也完好无损。

当天下午，巴比罗在医院时，感到后背及臀部轻微发痒。第二天，发痒的地方皮肤开始出现不规则、无痛楚的蓝紫色斑点，在臀部地方的斑点更大而且更明显。不久，这些斑点变成黄色，很像淤伤。

医学博士在进行了认真的检查之后，肯定巴比罗的心理状态和环境适应力都很正常。经过一系列的化验和分析，在斑点上找不到任何异物，脑电图也很正常。后来，两个催眠组织对巴比罗进行了催眠实验，让他在催眠状态下叙述发生的事情。实验的结果肯定了这个奇怪事件的真实性。

看来宇宙人对人类并没有什么恶意，而是像人类一样，具有探知一切的好奇心。他们掌握的一些手段，如透视的蓝光，是人类所没有掌握的。

巴普岛飞碟事件

"那里真的有4个人耶！我向他们挥手，他们也向我招手！"

新几内亚岛巴普地区波亚那全圣者传道本部部长威廉布斯吉尔神父如是写道。这里所说的"人"是在空中飞行的UFO甲板上出现的。

这件事发生在1957年6月27日，地点是新几内亚岛东端附近，面向古特伊那福湾的一个小村庄波亚那。时间大约是傍晚6点左右，太阳落到山的那边，但整个天空仍是明亮如昼。

一个巴普人护士亚妮洛莉波娃，在传道本部前的空中，看见一架大型UFO。波娃马上叫神父吉尔过来看。和神父住得很近的老师亚那尼斯也出来看，只见一架大型的UFO，附近还有两架小型的UFO。这个圆盘形的大型 UFO 的顶端有人影，而且是 4 个。因为它停在高度 150 米处静止不动，所以在地上可以清楚看见他们的动静。

吉尔神父便试着向他们招手。于是有一个透过扶手的栏杆往下看的人，也同样向他们招手回应。亚那尼斯老师也试着挥舞双手向他们打招呼，结果，有两个人有同样的回应。吉尔神父和亚那尼斯一起挥手，这次他们 4 个人一起挥手。几分钟后，UFO 上青色的前灯亮了 2 次，3 架 UFO 一起消失了。晚上 10 点 40 分，村子进入了静静的睡眠状态中。吉尔神父因飞碟事件和傍晚作礼拜疲惫不堪，也躺在床上睡了。这时，砰一声，很近的爆炸声，神父马上从床上跳起来，他想该不会是 UFO 着陆了吧！于是马上到外面去察看。可是外面似乎一点动静都没有。本部的职员们都出来看这大声响是怎么回事，可是睡得很熟的巴普人，没有一个人探出头来。

事实上，UFO 的出现是从 6 天前就开始的。6 月 21 日，巴普人牧师史蒂夫吉尔摩伊，在传道本部附近的家里，看到一个"像倒扣的咖啡杯碟"的飞行物体接近传道本部。

而且，在 6 月 26 日，在同样的地方又出现了数架飞碟，晚上 6 点 52 分开始，一直到 11 点 4 分下雨为止，它们共在空中飞了 4 小时，而且在隔天，27 日也出现过。这次有吉尔神父等 38 人亲眼目睹。以下是从目击者的描述所得的 UFO 的样子：

其中一架飞碟是大型的，大概是其他数架小型飞碟的母船，远远看是白色的，但靠近一点时则可以看到闪着淡橘色的光，其表面似乎是由金属制成，在底座的上半部，有一个很大的甲板，从机身的主体部位伸出很像着陆架般的东西。甲板上，有 4 个像是人的身影，好像正在工作，不停地进进出出。

如果是他们人类的话，大概就是白人了。若穿着衣服，那必定是非常紧身的。

"假设他们的身高为 180 厘米的话，那么飞碟的基部的直径为 11 米，甲板的直径约 6 米左右。"吉尔神父说。

整个飞碟和乘员，都被灯的光芒所笼罩，从甲板以 45 度角的方向对着天空射照出一道青色的光线。也有人看到 UFO 有 4 个窗户。

可是这些描述说词却未给人一种神秘恐怖之感，这真是 UFO 吗？

有不少人认为巴普人没知识水准、很迷信，且为了讨好白人而乱吹牛，所以并不相信他们说的话，可是，吉尔神父并非巴普人，而是白人，并且是个传教士，老师亚那尼斯和史蒂夫牧师虽说是巴普人，但却受过教育是有相当程度的知识分子。所以他们看见的飞碟，而且向他们招手的"人"绝非幻觉，亦不是胡吹乱编，而是千真万确地存在，是个事实。

或者，飞碟是美国或者是苏联的秘密武器之类的东西，那么在挥手的乘员，如吉尔神父他们说的"人"，就是白人！

但是，如果是秘密武器的话，没有理由在众人面前盘旋4个钟头。而且乘员还跑到甲板上挥手，不是一种示威吗？

另一方面，美国空军在调查了这次波亚那事件之后，发表了下列的结论：

"吉尔神父等38人所看到的飞行物体，不是载人的航天飞机。分析了它的方位和角度后，我们认为那些光体其中的3个，分别是木星、土星和火星。"

而且，这木星、土星、火星看起来好像可以自由飞行移动的原因是，光线的折射和热带特有的气象现象所致。但是，对于母船和乘员之事，却是一个字也不提。

对岸的贸易商亦看到绿色的光体。

6月26日，在波亚那村，数架UFO于空中狂舞的同时，在对岸基窟的海上，亦有人看见UFO。此人就是贸易商阿涅斯特伊布涅。他在自己船的甲板上，发现了一个往东北方向飞的绿色光体。在离地面150米高的地方停下来，同时光芒也消失了，一个像橄榄球样子的物体浮现出来。可以

看到有四五个半圆形的窗户，机身的长度大约是18至24米。大约静止了4分钟，然后发出"嗯——噗！嗯——噗!"的声音，飞往波亚那西方的山脉中消失了。

可是，这个UFO的目击报告于6月、7月、8月在吉特伊那福海湾沿岸各地相继获报，确实多少没一个统计，但至少有40件以上。有人看到在光体的后面接着一个青铜色的飞碟，有的人是看到以逆时针方向在翻筋斗的飞碟，有的是看到黑点的银色的皿状飞碟，有的人看到的则是雪茄型的UFO。

虽然各有不同的样式和不同的飞法，但他们都有共同点。那就是他们的飞行技术很高超，能够不发出任何声音静止不动，也能以各种速度前进、后退，重力和空气阻力都对它发生不了作用，简直像没有重量的幽魂似的。

这些是同一架飞碟呢？还是大规模飞行部队的其中一部分呢？不管是什么，都和地球上现有的飞行物体相去甚远。飞碟甲板上挥手的人，这样奇特的事真是意味着外星人友好的态度吗？

破解液体海底之谜

100多年前，在大西洋西北洋面上，有一艘渔船正在进行捕捞作业。

渔船把网撒到海里，便拖着渔网前进。突然，船速明显降低，仿佛从沙滩上奔向大海的人一下水就走不动似的。

船员们大吃一惊，脑海里立刻闪现出一系列海怪的传说，莫非自己的船被海怪攫住了？恐怖感立刻笼罩全船。

大海

船长命令全速前进。可是任凭机器怎么吼，螺旋桨怎么转，这船却一步也不能移动了。会不会是渔网拖住了什么东西？

船长下令："收网！"

船员们拼命地往上拉渔网。可是，越拉，大家越害怕：从来都是撒开的渔网，今天却被卷成长长的一缕，仿佛有一只巨手扯着渔网，要把渔船拖向可怕的深渊。

"弃网！"船长胆怯地下令。

船员们操起斧头，三下两下就把渔网砍断了。然而，这一切都无济于事，渔船仿佛被粘性无穷的胶水粘住了，一点也动弹不了。

船员们惊恐万状，有的祈祷上帝保佑，有的哀求海怪宽恕。

正当船员们绝望的时候，突然有人发现渔船开始动弹了，起先是慢慢移动，接着越来越快，终于脱离了这个令人恐怖的地方。

渔船返港了。船员们向亲人诉说着这次奇遇。可船为什么会被海水"粘"住？他们除了解释是海怪作祟外，谁也说不清到底是怎么回事。

无独有偶，海水"粘"船的事，也被挪威著名探险家南森遇到了。

自小就立志做一个北极探险者的南森，为了证实北冰洋里，有一条向西的海流经过北极再流到格陵兰岛的东岸，不顾亲人的劝阻，设计制造了一条没有龙骨、没有机器的漂流船。这条船好像切成两半的椰子壳，船壁坚厚，船头上伸出一根又粗又硬的长角。南森给船命名为"弗雷姆"号，翻译成中文就是"前进"号。

1893年6月19日，南森率船从奥斯陆港出发向北极方向驶去。8月29日，当船行驶到俄国喀拉海的泰梅尔半岛沿岸时，突然走不动了，船被海水"粘"住了。

顿时，船上一片混乱，有的在绝望地呻吟，有的在祈祷："死水，死亡之水呀，我们就要葬身在这里了，上帝救救我们吧！"

毕竟是探险家，南森却没有一丝惊慌的表情。他环视了海面，只见四周风平浪静，离岸也很远，不是搁浅，也没有触礁。那么，问题出在哪里呢？南森想，可能就是碰上传说中的"死水"了。他认真测量了不同深度的海水，记录下了观测的结果。

船员们对南森的行动不解，有人问："队长，你在海水里测了半天，这到底是怎么回事？海水里有海怪吗？"

南森回答道："不是海怪作祟。这'死水'的奥秘总有一天会弄明白的。"

不一会儿，海上刮起了风，"弗雷姆"号风满帆张又开始移动。船员们欢呼雀跃，庆幸自己死里逃生。

此时，南森仍在琢磨着。他发现，当船停在"死水"区不能挪动一步时，那里的海水是分层的，靠近海面是一层不深的淡水，下面才是咸咸的海水。他想，船被海水"粘"住的原因可能在此。

南森在寒冷的北极海洋中漂流了3年2个月，终于弄清了在冰层下，确实有一条海流，同时，他还总结了浮冰的规律。

1896年8月15日，南森经历了千辛万苦之后，终于回到了挪威。他没有陶醉在一片恭维声中，而是请来了海洋学家埃克曼，共同探索"死水"的奥秘，终于弄清了其中的道理。

原来，海水的密度各处不同。一般说来，温度高的海水密度小，而温度低的海水密度大；盐度低的海水密度小，而盐度高的海水密度大。如果一个海域里有两种密度的海水同时存在，那么，密度小的海水就会集聚在密度大的海水上面，使海水层层分布。这上下层之间形成一个屏障，叫"密度跃层"。这"密度跃层"有的厚达几米。这种稳定的"密度跃层"，可以把海水分成两种水团，分别位于跃层的上下，并以跃层作为界面。如果有某种外力（如月亮、太阳的引潮力，风、海流的摩擦力等）作用在界面上，界面就会产生波浪。这种波浪处于海面以下，人的肉眼完全看不见，因此称之为内波。

在海岸附近、江河入海口处，常常形成"冲淡水"，盐度和密度显著降低，它们的下面如果是密度大、盐度高的海水，就会形成"密度跃层"。寒冷地区夏季海上浮冰融化了，含盐低的水层浮动在高盐高密度的海水之上时，也会形成"密度跃层"。南森遇到的就是后一种情况。

一旦上层水的厚度等于船只的吃水深度时，如果船的航速比较低，船的螺旋桨的搅动就会在"密度跃层"上产生内波，内波的运动方向同船航行方向相反，内波的阻力就会迅速增加，船速就会减低下来，船就像被海水"粘"住似的寸步难行。当年南森的"弗雷姆"号被"粘"住时，船速就由4.5节突然降低到1节。后来，是风的推力超过了内波的"粘"力，才使南森的船脱险。

"死水"区的内波,由于水质运动的方向不同,不但会把渔船的渔网拧成一缕,还会使船舵失灵,甚至会使船只迷航。

科学家经过计算,得出内波的速度一般在2节左右,如果航速大大超过内波速度时,海水就无法把船"粘"住了。如今舰船速度大大超过内波速度,因而海水"粘"船现象就成为了历史。

虽说"密度跃层"产生的一般性的内波"粘"不住现代舰船了,可"密度跃层"却能压住水中下潜的潜艇。

一次,有一艘潜艇奉命巡航,来到预定海域后,潜艇均衡完毕,艇长下达了下潜的命令。不一会儿,潜艇顺利下潜,5米、10米、20米一直到40米时都很正常,当潜艇下潜到50米时,升降舵手报告说,已经到达海底了。艇长说:"不对呀,这个海区深度100多米,怎么下潜一半就到底了呢?"

艇长下令停车检查:深度计完好无损,其他仪器也都正常。到底是怎么回事呢?

艇长一拍脑门:"准是碰上'液体海底'啦!"

果不其然,这艘潜艇被"液体海底"托住了。

"液体海底"就是"密度跃层"。海水密度一大,浮力就大。加上这"密度跃层"又有几米厚,这么厚的

"屏障",再加上均衡好的潜艇在水下力矩又小,因此,就被这"液体海底"托住了。

这时,只要潜艇用升降舵造一个倾角,开足马力,就可以摆脱"液体海底"的巨掌。

1960年1月23日,瑞士的雅克·皮卡尔乘坐"的里雅斯特"号深潜器,开始了人类首次潜入世界大洋中最深的地方——马里亚纳海沟时,多次遇到"液体海底"的粘托。

那天上午,"的里雅斯特"以每秒1米的速度缓缓向1万多米深的海沟潜去,几分钟后,深潜器突然停止下潜。难道这么快就着底了?不,不可能,这里是万米深渊,离海底还远着哩。那么,是深潜器出故障了吗?也不会,因为"的里雅斯特"号久经考验,况且下潜前又经再三检查,绝不会有什么问题。

雅克·皮卡尔又检查了一遍机械,没发现异常。当他观察海水温度表时,发现海水的温度变化剧烈。这时,他才明白,原来是"密度跃层"在作怪。

皮卡尔放掉一些汽油,放进一些海水,从而增加了深潜器的重量。这样,深潜器就突破了"液体海底"的阻挡,继续下潜了。

令人惊异的是,下潜仅10米,深潜器又一次被"粘"住了。他不得不再次调整压载重量,又一次突破"液体海底"的阻挡。

下潜20米后，深潜器第三次被"粘"住。

这样折腾了4次，深潜器才完全冲破"液体海底"设置的"封锁线"，一路顺畅潜到万米海底，创造了人类探险史上的新纪录。

虽然"密度跃层"已不能"粘"住现代舰船，但对"密度跃层"的研究却极有军事价值。"密度跃层"厚达几米，海水的密度增大，仿佛筑起一道厚厚的"墙"，声呐发出的声波碰到这堵"墙"，就被反弹回去。当潜艇遇到水面舰艇的追捕时，如果钻到"密度跃层"下面，水面舰艇声呐发出的声波穿透不了"密度跃层"，就会成为"聋子"和"瞎子"，而潜艇却能安全撤离或发起反击。

幽灵潜艇事件

在第二次世界大战的后期，日本联合舰队和美国航空母舰"小鹰号"，数度遭到一艘神秘潜艇的跟踪。但一当他们发现并准备采取行动时，这艘潜艇又消失得杳无踪迹了。在太平洋战争中，日、美双方海军激烈鏖战之时，神秘潜艇也曾几次出现。但它并未卷入战事，而是对落水的双方水兵采取救援行动，颇有国际红十字会之风。这艘潜艇的速度和反应，是当时所有船只都难以比拟的。因此，美国海军称之为"幽灵潜艇"。

待到第二次世界大战结束，美国海军即动用太平洋舰队的全部潜艇，在南太平洋水域四次搜寻"幽灵潜艇"。苏联海军也闻风而动，派出大量潜艇在太平洋、大西洋细细搜索。

搜寻历时一年，却无结果，可是美、苏两国海军却为此付出巨大代价：他们各有2艘与3艘先进的潜艇失踪。

到了60年代末，"幽灵潜艇"又频频出现在太平洋和大西洋的广大水域，跟踪美、苏舰队。一次，美国"企业号"核动力航空母舰，在南太平洋发现被跟踪，正待作出反应之际，对方悄然失踪了。"企业号"派出数架反潜直升飞机到处捕捉，终空手而归。

苏联舰队也遇到同样情况。这样，美、苏双方便都怀疑是对方侦察潜艇。但其动作如此敏捷，则又令双方咋舌和不服气。60年代，美苏两国在海军潜艇上的研制与扩充比赛，"幽灵潜艇"起了很大作用。

1990年，在瑞典和"北约"海军举行的一次海上军事联合演习中，"幽灵潜艇"竟大大咧咧地招摇过市，引来了一场大围剿。10多艘潜艇与巡洋舰在开恩克斯纳海湾排成梳篦阵势，炮弹、深水炸弹与鱼雷将这里变成一片喧嚣的战场，最终却是"北约"海军等一方扫兴而归。"幽灵潜艇"将他们痛快地耍了一回。

过了一年，"北约"海军又在比

斯开湾举行演习。这时，"幽灵潜艇"又目中无人地出现在"北约"视野。可是，令"北约"指挥人员奇怪的是：他们所有军舰上的无线电通讯、雷达、声呐仪等全部失灵。待到"幽灵潜艇"消失后，一切才恢复正常。这令"北约"干着急，有劲使不出。当"幽灵潜艇"消失后，"北约"海军还试着向消失的方向发射了几枚"杀手"鱼雷——这是当时最为先进的鱼雷，能自动追击目标，百发百中，可是一出膛却向海底来了个90度的"倒栽葱"。看来，"幽灵潜艇"仍在附近制约着"北约"海军，捆绑着它的手脚。

于是，"北约"军事研究人员提出一个猜想："幽灵潜艇"乃是外星人派到地球的不速之客。

"幽灵潜艇"似乎有几种类型。通常看见的那种类型同美国核动力潜艇外貌相似，只是要精巧些。此外，1992年，法国潜水专家拉马斯克在加勒比海的水下探险时，发现一座圆体的周身晶亮的银灰色建筑物。它飞快地旋转运行，同拉马斯克擦肩而过，却悄无声息，连波浪也未掀起。这大概是"幽灵潜艇"的又一种类型吧？

"幽灵潜艇"在地球的水域里有无基地呢？按常理是该有的。那么，这基地又在哪里呢？有人说，是在百慕大三角区接近巴哈马群岛的海底下。

1985年，美国水下探险家在巴哈马群岛附近水下1000米深处，发现一座庞大的水下建筑，里面似有机器在轰鸣。

巴哈马群岛风景

1993年7月，美、法两国专家调查队在这一片水域，发现一座巨大的海底金字塔。塔的底边长300米，高约200米，塔尖距离海面100米。金字塔上还有两个巨大的洞，水流以惊人的速度奔流出入，使这一带海面雾气腾腾，波诡云谲。因此，有不少人说，作为"魔鬼三角"的百慕大，之所以有许多飞机、船只在此丧命，海底金字塔应难辞其咎。

研究"幽灵潜艇"的人则说，海底金字塔正是"幽灵潜艇"的最佳基地。那上面的两个巨大的水洞，是"幽灵潜艇"出入的所在。

俄罗斯的一些研究者认为，仅从"幽灵潜艇"及其基地来看，其拥有者的智慧便高出地球人许多。何况"幽灵潜艇"并未攻击过人类，而是人类不断地攻击过它，但它也从不还击人类。这说明驾驶"幽灵潜艇"者的道德文明，也远高于人类。

据苏联军方的档案资料，在北极地区内，"幽灵潜艇"时常与"不明飞行物"——飞碟（UFO）配合行动，海空呼应。60年代末，在苏联北极圈内的科拉半岛附近的海域，发现有1艘"幽灵潜艇"被冰层封冻住。苏军的所有仪器突然失灵，飞碟自由自在地降落下来，就在这个时候，飞碟赶来了。飞向"幽灵潜艇"，帮助破冰开路，使"幽灵潜艇"获得解脱。

这一情景，终使苏军有所醒悟："幽灵潜艇"乃外星人的杰作，并非美国入侵者。鉴于"幽灵潜艇"从不犯人的道德水准，美国海军情报局的亨利·罗德上校认为，美国和苏联等国因追踪"幽灵潜艇"以及因航行百慕大海区而失踪的舰船、飞机以及上面的人员，不过是当了外星人的俘虏而已，他们总有一天会平安回来的。

研究者还指出，外星人来到地球后，大致分作两类：一类在地面活动，一类在水下活动。或许他们在外星上本来就分作这两类人吧？水下外星人建造了"幽灵潜艇"（或者是他们从外星携带来的吧？），又以百慕大三角海区水下金字塔为基地进行活动。所以，自第一次世界大战以来，各大洋，特别是太平洋与大西洋，不

时会传来"不明航海物"——"幽灵潜艇"的报告。

又有一些研究者认为，在大洋深处，长期以来就一直生活着一种具有高度文明、高度智慧的生物。它们不是外星人，而是地球人的最亲密的邻居，也可以说是地球人的一种类型。它们既能在"空气的海洋"里生存，又能在"海洋的空气"里生存。而百慕大三角的大金字塔，不过是他们在海中建造的发电用的电磁网络。持这种观点的研究者还强调：人类起源于海洋，现代人类的许多习惯以及器官明显地保留着这方面的印痕。如喜食盐，身上无毛，会游水，爱吃鱼腥等。这些特征，是陆地上的哺乳动物所不具备的。当人类进化时，很可能分作陆上、水下两支。上岸的就是人类，水下的则被称作"海妖"。而"海妖"却造出了人类不能造出的"幽灵潜艇"。

研究者还认为，要全面揭开百慕大三角与"幽灵潜艇"之谜，只有等到人类与"海妖"的科学文明或道德文明相接近、相沟通时方可。可是这一天要等到多久呢？需知人类在进步，"海妖"也在进步啊！说不定进步的速度还要快于人类呢？

南极热水湖奇闻

一提起南极洲，人们总会联想到

皑皑白雪、坚冰酷寒，或是极昼、极夜、冰盖……然而令人惊讶的是，科学家们在这个冰封雪裹的世界里，却发现了一个水温高达25℃的热水湖。

白雪皑皑的南极

这个热水湖名叫华达湖，位于南极洲威特尔冰谷中央。它是咸水湖，湖水的含盐量要比地球各海水的含盐量高出5～6倍。华达湖的湖底深达66米，湖表面虽有薄薄的冰层覆盖，冰层下水温为0℃，但在水深1.5～40米之间，水温却上升到了7.7℃左右；而在距湖底60米处，湖水温度骤升，竟高达25℃。南极洲干冷世界中，出现了这一十分温暖的湖泊，给科学界带来了难解之谜。

围绕着南极为何会出现热水湖的问题，科学家们进行了深入地考察，也提出了各种各样的看法，并对形成原因争论不休。其中，有2种观点颇得人们的赞同，一种是太阳辐射说，另一种是地热活动说。

持太阳辐射说观点的科学家认为，热湖是太阳辐射能量的积蓄。南极的夏季日照时间长，湖面接受的太阳辐射能也较多，从而导致湖面水温升高。而湖面水由于冬季结冰盐度增高，致使密度变大。因此，即使夏季水温升高时，表面水的密度仍然维持较大的数值，从而导致温暖的表面水下沉，使底层的水温变高。

对这一说法，也有人持反对意见。这一观点认为，南极夏季日照时间长，但天气终日阴沉，因此到达地面的太阳辐射其实很弱；况且冰面又会反射90%以上的辐射能，到达地面的辐射能就更少了，不可能会使湖面水温升得那么高。再说，暖水下沉后，必然会使整个水层的水温都升高，而不可能仅使底层的水温增高。

这样，太阳辐射说就很难站住脚了，因而地热说逐渐占了上风。

地热活动说认为，华达湖距离罗斯海50千米，而罗斯海靠近正处于活动期的墨尔本火山和目前仍在喷发的埃里伯斯活火山。这表明，这一带地底岩浆活动比较剧烈，岩浆上涌现象严重。而受地热的影响，湖水的温度就会出现上冷下热现象。

这一解释非常直观，也容易被人接受。但是，国际南极干谷钻探计划实施后，人们了解到，华达湖所在的赖特干谷区中并没有地热活动，这也彻底否定了地热活动说。

随着地热说的被否定，太阳辐射说重新被人们提起。美国学者威尔逊和日本学者鸟居铁也就是太阳辐射说的主力派。而且经过多年研究，他们还提出了新的论点，从而获得了更多人的支持。

他们认为，尽管南极夏季的日照时间特别长，但因为天气终日阴沉，加上冰面的强烈反射，地面接收到的太阳辐射能的确少得可怜。然而，冰是有一定透明度的，对太阳光也有一定的透射率，因此表面以下的冰层也或多或少地获得太阳辐射的能量。再加上当地风大，冬季积雪被风吹走。积雪层很薄，多为裸露的岩石，这也使得夏季地面吸热增多，气候较为温暖。久而久之，表层及以下的冰层温度就会有所上升，最后达到使之融化的地步。又因为湖水底层盐度较高，密度较大，底层水就不会升至表层，结果就使高温的特性保留了下来。同时，表层水冬季有失热现象，底层水则依靠其上水层的保护，失热微小，因而底层水温特高。

近年来，科学家们也观测到，湖水底层的水温却有缓慢升高的趋势，而且还发现了氯化钙之类的盐类溶液，这些盐类的确可以有效地蓄积太阳热。这也为这一理论提供了有利的依据。

但是，并非所有的人都支持这种新的观点。曾经持地热说的学者认为，上述论点有许多属于想象成分，还很难找到令人信服的证据，比如十几米厚的冰层究竟能透过多少阳光？

这些透过冰层的阳光使冰层融化并使水温升达如此高的程度，有什么具体的科学依据？如果事实真是如此，那么像华达湖这样的湖泊就不会只有一个，应当还有很多，可实际情况又如何呢？因此，持地热论观点的人仍然坚持自己的观点，认为虽然南极干谷钻探计划证明那里没有地热活动，但因钻孔数有限，深度也不很大，并不能排除仍有地热活动的可能。

看来，谜团至今还没有揭开，还有待于科学家们作进一步的探索和研究。

神秘的纳斯卡线条之谜

1939 年一个下午，2 个美国人来到秘鲁南部的纳斯卡高原上，眺望着绵延数英里的一片标记，它看起来就像涂画在一本巨大而神秘的便笺上。在广阔的沙漠上，上千条苍白的线条指向不同的方向。2 个人认为，他们发现了世界上最大的天书。

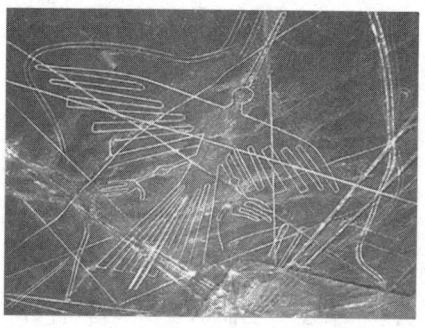

纳斯卡线条

这一发现很快就震惊了全世界，世界各地的考古学家们陆续来到纳斯卡高原。在这里，他们不仅发现了更多的直线条和弧线图案，在沙漠地面上和相邻的山坡上，还惊奇地发现了巨大的动物形体。这些图案显得扑朔迷离：一只45米长的细腰蜘蛛、一只大约300米的蜂鸟、一只108米的卷尾猴、一个巨大的蜡烛台……到今天，考古学家们在这里发现了成千上万种不同的线条，有些甚至绵延8千米。

对于如此众多、如此巨大的图案，人们不知该作出怎样的解释，于是就给它们取名为"纳斯卡线条"。

对于这些巨大的线条，科学家众说纷纭，但都难以拿出令人信服的证据证明自己的观点。

1983年，一支意大利考古队在纳斯卡地区发现了大量陶器，这些陶器上都装饰着一些动物图案。而这些图案在荒漠上又以更大的规模重复出现。这些相同的图案，使人们相信线条应该是古纳斯卡人所为。

考古学家在线条所处的地层里，找到了那些陶器。因处于同一地层，所以线条年代与陶器年代非常接近。而通过对陶器的^{14}C测定，间接得出纳斯卡线条的制作年代应为公元前200年到公元300年。

在纳斯卡平原上，最常见的就是黄沙和黏土，上面铺有一层薄薄火山岩和砾石，长久的风吹日晒，令它们看起来比较黑暗。在这些天然黑板上画线条，不过就是刮去几厘米的岩石层，让下面苍白的泥土显露出来而已。如果是在另一种气候条件下，也许剧烈的外界侵蚀会在较短时间内磨蚀掉这些线条。但是，纳斯卡是地球上最干燥的地区之一，再加上几乎没有强风，因此风蚀很弱。这就为纳斯卡线条保留至今提供了较好的条件。

可是，纳斯卡线条太大了，在地面上根本难以识别，以至于直到20世纪40年代才被人们从飞机上发现。可这些线条是在2000多年前创造的，那时人们不可能掌握飞行技术，也就根本不能看清线条的全貌。古代的纳斯卡人是怎样设计、制造出来这些巨大的直线、弧线以及动物图案的呢？

德国女数学家玛利亚·赖歇通过研究发现，许多线条是爬坡穿谷的，绵延了很长距离却依然能保持笔直，这很可能是在木桩间拉线作为画线的标准，只要3根木桩在目测范围内保持一条直线，那整条线路就能保持笔直。为此，赖歇还专门与她的学生做了这个实验。

尽管赖歇的实验形象地验证了她的假说，但她的实验还有一点无法解释：在纳斯卡地区，不仅有大量的直线条，还有许多弧线所组成的图案，比如那些蜘蛛、猴子等。

在赖歇的生命末期，她终于找到了自认为最好的答案：那些弧线是先把线的一头固定住，另一端像用圆规画图一样在地上旋转画出来的。赖歇还表明，古代纳斯卡人会事先在约1.8米的小块地皮上设计图案。因为她在几片较大图案的旁边发现了这些泥土草稿，设计者们应该在草稿上确定弧线、中心点和辐射线的适当比例后，再进行适当的放大。

尽管赖歇的论证很详细，但她那些关于巨型线条是如何刻制出来的解释还是没有得到普遍接受，因为她无法解释那些不规则的图案是怎么制作的，比如巨大的蜘蛛和神奇的牧羊人。要知道，在地面上人们是根本无法辨认出这些线条的形状的。

1968年，冯·丹尼肯在他出版的《众神的战车》一书中，提出这样一个观点：纳斯卡线条是外星飞行器使用的跑道。他认为，不明身份的天使在远古某时降落在纳斯卡高原，在那里为自己的飞行器修建跑道，而他的证据就是那些酷似机场跑道的线条。

但是，科学家们很快就抛弃他的看法，因为不仅航天器不需要跑道，而且纳斯卡柔软的沙土根本不能负重飞行器降落。

尽管冯·丹尼肯的"外星人假说"遭到否定，但还启发了一些人。人们开始把注意力投向天空，古纳斯卡人会不会是参照天上的星座来绘制地面上的图案的呢？

1983年，一支意大利考古队来到这里，他们在纳斯卡地区南部发现了一座名叫卡华赤的古城。城市里有宽阔的广场，雄伟的石级，还有几十座30米高的金字塔。然而令考古者困惑的是，卡华赤城中并没有发现繁忙的市镇中心和军事活动的遗迹，相反，这座城市似乎只用于宗教仪式和节日庆典。

那么，古代的纳斯卡人又居住在哪里呢？

为了寻找纳斯卡人的住所，人们不久后就在纳斯卡线条范围的北端一个叫文蒂拉的地方发现了大量生活痕迹。虽然这里已被农业耕作破坏了不少，但还是有足够的证据表明这曾是一个真正的城镇。而在文蒂拉这个古纳斯卡人的生活区，到卡华赤这个祭祀区中间，就是著名的纳斯卡线条区域。可以想象，在2000年前，古代纳斯卡人每到节日，都来到卡华赤进行大规模的朝圣和祭祀，而在他们到达那里之前，必须要经过的，就是广阔的纳斯卡线条所在地。

可见，纳斯卡线条位于一个很重要的位置，而且与祭祀活动应该有着密切的关系。那么，古代纳斯卡人又是在祭祀什么呢？

现代民族学观点认为，对于一个原始民族来说，对生存最重要的，往往就是他们所要祭祀和祈求的。对于纳斯卡地区的人们来说，最为缺乏的就是水。因为现代纳斯卡人生活和农耕用水的可靠来源，就是雄伟的安迪斯山脉。而从卡华赤以下地区，干旱年年出现。在古代某个时期，纳斯卡人修建了一个庞大的灌溉系统，150千米的沟渠纵横交错，遍布这个地区。这些沟渠大部分深埋于地下，有入口也有出口。而这些沟渠所在的范围，恰好就是纳斯卡线条的区域。

研究人员认为，远古时期频繁的火山活动导致地下岩石断层，这成为古纳斯卡人引水的天然渠道。1997年的一天，一名研究人员在山上探察一个岩石断层，当他走过一座小山脊时，摆在他面前的就是宏伟的纳斯卡体型体系和线条群落，它们正好指向研究人员要去的那个断层。这时，他突然意识到下面应该有个水源。研究人员认为，这些巨大的图形，以及它们之间数千米长的线条，很可能就是纳斯卡人用来记录地下水源地位置的标记，就像我们现在绘制的供水系统图一样。而在它下面，就是用来饮用、灌溉的水利体系！

根据这一观点我们可以推想，古代纳斯卡地区的社会是由许多不同家族组成。而家族之间为争夺水源，肯定会发生很多惨烈的战争。而靠战争解决水源问题，需要浪费很多鲜血，于是家族们开始商量怎样有秩序地利用这些公共水源。一个合理的方案最终被家族们所接受，即纳斯卡地区的水渠被分割为不同的家族所有。为了区分各自的水源地，每个家族根据水流的方向和范围，在地面上绘出自己家族所独有的族徽来，于是陶器上的

蜘蛛、猴子、巨鸟等，从此就出现在了纳斯卡高原。

尽管这一理论被越来越多的学者所接受，但至今人们依旧不能回答，纳斯卡线条到底是如何制造出来的。

"缅因"号爆炸事件

战舰"缅因"号的爆炸事件是美国和西班牙开战的重要导火索。据史料记载1898年2月16日晚上9点40分，在古巴哈瓦那港口外停泊的"缅因"号突然发生爆炸并沉没，船上260名水手均葬身海底。事件发生后，美国的新闻媒介大肆报道这一事件。从而引发了美国人对素来看不顺眼的西班牙的举国仇恨。在这样一种真相不明舆论一边倒的混乱气氛中，美国绝大多数人都认为"缅因"号爆炸是西班牙制造的恐怖行动。在煽动起来的民意支持下，美国政府在1898年4月25日向西班牙宣战。6个月后，美国不仅报了"缅因"号一箭之仇，而且借这个世纪末的重要战争，打败了实力大不如前的西班牙，一跃成为一个势力范围囊括拉丁美洲和亚洲的新兴世界强国。

尽管当时很多人认为"缅因"号的爆炸与西班牙脱不了干系，但仍有不少头脑冷静的历史学家认为"缅因"号真正的爆炸原因不明。

史载，当"缅因"号爆炸后几

个小时内，船长即发电报给国内上级，内容是："'缅因'号起火爆炸，原因未明，请暂时不要向外界公布。"事件发生后军方进行了短暂的调查，结论是外部爆炸物在靠近船首下方底部爆炸，引发位于船体前面的3个弹药舱爆炸，使船体在近船首部位一分为二，前面近1/3的船体被炸毁分离。

在当时，"缅因"号是先进的巨型战舰。麦金利总统派遣"缅因"号到古巴向西班牙和古巴人显示实力，他想用这个方式提醒西班牙和拉美诸国：美国有足够的力量和意志来保护其在拉丁美洲的利益。由于体形庞大且吃水深，"缅因"号只能停靠在离开海岸一定的距离之外。又因为离海岸不是很远，炸毁的船首和大部分船体都搁浅在离岸不远的浅海中。船体相当大的一部分仍然暴露在水面之上。

因而当时的很多研究者认为"缅因"号是由于船底外部爆炸导致沉没。在解释爆炸是最先发生在船体外的理论中，一个最有力的证据就是船壳底部中央一块9.3平方米的钢板，出现在被炸毁的机舱的位置。船壳钢板断裂之后进入船体内部，一定是船体外产生的爆炸力将钢板推入船身。这个物证似乎很有说服力。

但是有人也提出了疑问：要达到那么大的破坏程度，如果是水雷爆炸的话，这个水雷得超过136千克重，同时还必须在船底形成一个巨大的爆破口。当时没有见过那么大的水雷，"缅因"号船体上也没有那样一个爆破口。所以，尽管美国举国仍然将西班牙定性为专制和恐怖主义国家，但一些严谨的历史学家还是坚持认为"爆炸原因不明"。

近年来，通过细致的考察，研究人员提出了一个假设：或许是因为"缅因"号右舷的锅炉室位置过于接近一个弹药舱，高温通过隔离的钢板持续传递到弹药舱，引起火药燃烧爆炸，然后再引发另外两个弹药舱的爆炸，导致船首被炸毁。

研究人员为了证实这个假设，用19世纪的工艺，制成了同样强度的钢板，试图重现当年的"缅因"号弹药舱和锅炉室，然后开始在野外生火实验。当锅炉工作了几个小时之后，监视弹药舱钢板温度、热传导和形变的仪器屏幕显示了一系列的物理变化。8个小时之后，通过隔离钢板传导过来的高温点燃了弹药舱的黑色火药，发生了爆炸。由此，初步验证了假设的可能性。

但"缅因"号的爆炸真的是这个原因么？恐怕还需要进一步地研究证实。

军队集体神秘失踪事件

军队集体失踪事件在世界上非止

一次，这种诡异莫测的谜案至今仍令人感到匪夷所思，然而它却真的发生过。

最令人称奇的军队集体大失踪一案发生在第一次世界大战期间的英国军队。据说在1915年8月28日，当时英军和新西兰部队部署在土耳其的嘉里玻里地区。当时，英军一队800人左右的兵马向一个高地机动，天气晴朗，云彩不多，有记载称当时有近似面包状云片在英军阵地上空飘浮，而英军所要机动的山头有一片浓浓的灰色雾气笼罩，山巅却并未受到影响，仍然隐约可见，山下天气晴朗。

随着大队人马的攀升，队伍逐渐遁入迷雾之中，奇怪的事情发生了，等到最后一名士兵消失在迷雾中后，整个大队人马竟然无声无息地失踪了，再也看不到一个士兵从灰色雾团中走出来。大约几十分钟后，山头弥漫的灰色雾团一部分四处消散，其余大部分则慢慢浓缩成一个硕大无比的雾团缓缓上升，最后和英军阵地上空的几朵浮云融会到一起后就静静飘离而去。当山头雾气完全消失后，整个高地寂静无声，整整800多人却杳无踪影，难道这近千人像那一团神秘莫测的灰色雾团一样静静地消散了吗？

当年目击过这一事件的22名新西兰士兵和消失的这800多英军同驻守在一片阵地，当时800多英军从机动地攀登对面高地直到最后一名士兵消失在山头的迷雾中，其全过程被这22名士兵尽收眼底。当发觉英军大队人员全部失踪后，这22名士兵曾向上级作了报告，而英军也曾制定了周密的搜寻计划，进行大规模的搜寻，然而毫无结果。原本英军认为全队人马均为土耳其军所生擒俘虏，等到战争结束，英国也曾试图向土耳其提出要交回那失踪的800多名英军，然而土耳其一直坚持说从未见过这支部队。从此以后，那800多士兵中的任何一个人也没有再出现过。这次失踪事件成为了英国军事历史上一大悬案。

这一类神秘失踪事件，并不止一次地发生过，事实上，很多这类的事件，都在历史上记录下来。

在1930年的12月，加拿大的北部亦发生过同样的事件。

发生这种离奇失踪的事件，是在北加拿大蒙特地市北方600千米，那里是一个爱斯基摩人的乡村。

在这一个村中，住有30多名爱斯基摩人，他们在这里居住已经很久。

这些爱斯基摩人居住的村子，一向十分平静，而只有加拿大的骑警，在若干时候才去巡逻一次。

这一次，一队加拿大骑警又到该村之中去巡逻。

但是，当骑警到达村中的时候，却发现村中的情况十分不寻常，因为，以往骑警到这里的时候，村民都是出来欢迎的，但是，这次却不见有村民出来欢迎。

骑警进入村中的时候，却发现所有屋都没有一个人，30多名男女老幼，全部都不翼而飞。

爱斯基摩人全村迁移的事件，虽然并不多见，却也不是没有，所以，骑警最初也以为村民是迁走。

但是，他们再作进一步的调查时，却发现事不寻常。

因为，在每一间村民居住的屋中，都全部留下了村民的用品，而且，有些屋中还有村民放在台上的食物。

而更奇怪的就是，那些被爱斯基摩人认为是命根的枪、狗，全部都在屋内，而爱斯基摩人就不见了，这是不可能的。

该队的骑警队长认为事不寻常，马上向上司报告。

大队骑警后来来到了雪地，进行了大规模的搜索，结果，一无所获，村民不知到了哪里去。

这一次神秘失踪事件，同样地被列入加拿大骑警的记录之中，而这一批村民，被列为"神秘失踪"。

这一类有关神秘失踪事件，真正原因到底在哪里呢？迄今为止，依然没有办法知道，只能作为猜测。

很多心灵学家认为，其中一个原因，可能是和第四度空间有关。

也就是说，这一群失踪的人，在无意中走入了通往第四度空间的出口，结果，就在人们的眼前消失了。

事实上，不仅人发生过失踪事件，即使大如汽车，也曾发生过无故失踪的事件，同样被记录下来。

1963年11月19日，在日本东京的金町，就发生了一宗汽车离奇失踪的事件，并且警方亦列为记录。

富士银行的木下和齐藤，那一天奉银行的命令，驾驶一部汽车去提款。

这一架汽车由木下驾驶，而齐藤则坐在他的身边。

汽车沿着水户街道行驶，突然，齐藤对木下说道："喂，木下先生，请你看看前面的那一辆汽车。"

在木下前面有一辆黑色的丰田皇冠汽车正在向前行驶，突然，那一辆汽车正东倒西歪，似乎失去了控制，又似乎有人饮醉酒在驾车一样。木下和齐藤都见到，那一辆车有一个男司机，而在车的后面，则有一个男人，似乎正在看报纸。

奇怪的就是，两个人对于汽车东歪西斜，似乎都不注意。

突然之间，那一辆汽车，在马路上失了踪，不知到了哪里。

木下和齐藤都大吃一惊，因为，那是一条直路，根本就不可能驶离地面，那汽车为什么会消失呢？

木下和齐藤认为事不寻常，马上把这一件事向警方报案，警方马上进行了调查，但是，却没有什么发现。

为了证实事件是真是假，警方对木下和齐藤都进行了详细的询问，而两人的证供都是一样，证明并未说谎。

这一件事，后来亦被列入日本警方的档案之中，作为神秘失踪处理。

无独有偶，在第一次世界大战中，一支法国军队也鬼使神差地遭受了同样的厄运。据研究人员指出，曾布置在马尔登高地上整整两个营数百名士兵也同英军一样悄无声息地神秘失踪了，法军也曾派出大部队进行全面搜寻，但后来同样无功而返。

类似的军队集体神秘失踪案，规模最大的一次是西班牙，此案是发生在距今 299 年前的 1711 年，当时近4000 多名西班牙士兵驻扎在一个叫派连山的山上过夜，等待援军的到来。可是第二天早上援军到达山上宿营地时，军营内柴火仍然在燃烧，马匹、大炮也原封未动，可是这样一支人数众多的大部队竟然全部消失了。在西班牙官方文献上曾清清楚楚地记载了这一神秘的失踪奇案。

我国在抗日战争时期也曾遇到过这种怪事。在 1937 年 12 月初的南京保卫战中，国民党集中了 20 万军队云集在南京市周围。此役中方军队损失惨重，尤其是助战的川军某师损兵折将尤为严重，该师有一个团，因担任阵地侧翼对敌警戒任务，重点防御京杭国道一侧敌人可能突如其来地穿插分割，故一直没有直接参战，当防御战役失利后，为了保住有生力量，全团 2000 余人急行军向绵延数十千

米、森林茂密的南京东南部青龙山地区撤退。然而，进入青龙山地区后，从此就再也没有见到过这支部队，全团 2000 多人竟然消失得全无踪影。

那么究竟这几起军队集体失踪案原因何在？为何中外这些军队都发生过类似案件呢？至今还是个未解之谜。

迷雾重重的卡廷事件

卡廷事件，又称卡廷屠杀事件，是指第二次世界大战期间大批波兰军官被集体枪杀的事件。1943 年 4 月13 日，德国宣传部部长约瑟夫·戈培尔宣布，德军在苏联斯摩棱斯克附近的卡廷森林发现一座万人冢，坑内葬有 1.8 万具波兰军官的尸体。德国军事当局调查后得出的结论显示，这些波兰军官在 1940 年德军占领斯摩棱斯克之前被苏联共产党杀害后埋在这里。德国的报告还说，苏联共产党使用德国援助的武器枪杀了这些波兰军官，苏联企图以此掩盖罪行并嫁祸于柏林。但是也有人持不同看法，认为这些尸体实际上是纳粹犯下的罪行。

事件发生以来，西方众多学者都发表了大量文章和专著谈论此事，但苏联国内对此却几乎绝口不提，这不仅引起了人们的纷纷猜测。究竟是苏联还是纳粹德国杀害了这些波兰军官

呢？长久以来一直是个不解之谜。虽然在 1990 年 4 月 13 日，当时的塔斯社发表了一个声明，正式承认对 50 年前的卡廷屠杀负有责任，卡廷遇难波兰军官死于谁手似乎大白于天下。但这一事件仍引发了众人的猜测和怀疑，以至到今天，卡廷事件仍然笼罩着层层迷雾。

据史料记载，纳粹德国于 1939 年 9 月 1 日，突袭波兰，第二次世界大战正式爆发。9 月 17 日，正当波军奋力抵抗而濒于绝境之际，苏联红军却根据 1939 年 8 月 23 日签订的《苏德互不侵犯条约》的秘密议定书，以"解放"波兰人民为借口进占波兰东部，包围并拘禁了几十万波兰官兵。9 月 28 日，华沙军民战斗到弹尽粮绝，被迫停止抵抗。德苏签订边界条约，另附 3 个秘密议定书，调整了《苏德互不侵犯条约》划定的双方势力范围，近半个波兰的领土划归苏联。然而在 1941 年 6 月 22 日，德国撕毁《苏德互不侵犯条约》，突然大举进攻苏联。由于措手不及和指挥失当，苏军在战争初期遭到重大损失，西部大片国土沦陷敌手。

1941 年 7 月 30 日，苏联与波兰流亡政府签订反法西斯战争一致行动的协定。根据这个协定，对苏联境内因被俘等原因而失去自由的波兰公民予以特赦，并在苏联境内建立一支波兰军队，与苏军并肩作战，共同抗敌。波兰安德尔斯将军负责组织工作，然而，苏联只交给他 448 名被俘军官，另有 1.5 万多名波兰军官却杳无音讯。为寻找这大批失踪被俘军官，波兰政府曾做出了巨大努力。安德尔斯将军在责令恰普斯基搜集失踪军官资料的同时，又和波兰政府、苏联政府以及高级领导层进行多次交涉，督促寻找。但他们得到的往往是模棱两可以及强调困难的答复。直至 11 月 8 日，莫洛托夫发来函件，内称苏联过去所拘禁的所有波兰公民均已释放。但是，波兰地下组织进行调查后报告说，无论各家家属中或是德国战俘营中，都没有这些军官。这些人从 1940 年 4 到 5 月起就同家庭断绝了联系。释放的人到哪里去了呢？

正当波兰政府寻找失踪军官毫无进展的时候，1943 年 4 月 13 日柏林电台宣布说：在斯摩棱斯克附近的卡廷森林中发现了掩埋着成千上万具尸体的大批坟墓。因为当地土质特殊，尸体早已变成干尸。经过验尸和当地目击者的证词确定其为 1940 年 4 月以前关押在苏联科泽尔斯克俘房营中的波兰军官的尸体，总数约为 1.5 万名。两天以后，苏联电台指责德国法西斯的"无耻捏造"，竟把自己的罪行栽赃到苏联的头上。并声称波兰战俘 1941 年还在斯摩棱斯克以西的地区从事建设工作，他们是在 1941 年 7 月占领该地区的德军杀害的。

德国人在 4 月 28 日至 30 日提出

倡议并建立了一个中立的国际委员会在卡廷森林进行了3天的调查，最后得出的结论是："根据目击者的证词以及在死者身上发现的信件、笔记和报纸判断，行刑时间应在1940年3月和4月。"从而肯定了波兰军官为苏联人所杀，但只说明从其中的7个墓穴发掘出982具尸体，作了分析研究，而未说明卡廷遇难波兰军官的总数。斯摩棱斯克州从德军手中解放以后，苏联又搞了一次"客观的调查"。以布尔坚科院士为首的调查委员会在卡廷掘出并检验了925具尸体，倾听了当地许多居民的证词，得出的结论是：波兰官兵尸体总数为1.1万具。据目击者所证，死者身上1940年4月以后所有文字资料都被德国人取走；枪杀事件发生在1941年9~10月间。第二次世界大战结束后，纽伦堡最后审讯时，曾根据苏联法官的要求，把卡廷屠杀事件写入起诉书中，但在最后审判时，却因证据不足而只字未提。

战后，西方为解开卡廷之谜继续进行调查，公布了大量的证明材料。1990年4月13日苏联发表声明，承认贝利亚及其助手对杀害1.5万名波兰军官的罪行负有责任后，苏联的一些学者，包括著名的历史学家安娜·别列杰娃，根据一系列有关材料进行进一步研究。

虽然1990年4月13日塔斯社声明，似乎解开了1.5万名波兰军官死于谁手之谜，但目前仍有一些问题有待研究。比如死于卡廷的波兰军官到底有多少？苏联内务部为什么要集体枪杀这些波兰战俘呢？难道纳粹真的没有责任？有专家指出是"苏联根据德国人的要求"而制造了卡廷悲剧。还有一种说法认为苏联为消灭振兴波兰的"骨干"力量而采取的一次性"清理"行动。更有人称苏联为了"减轻战争负担"。看来卡廷之谜还有待史学家的进一步研究方能澄清。

斯卡帕湾的幽灵传说

斯卡帕湾是一块位于英国苏格兰地区最北端、奥克尼群岛境内的半封闭水域，由该群岛里的主岛、霍伊岛、南罗纳赛岛与一干小岛包围，是一个良好的天然海湾，长约24千米，宽13千米，面积130平方千米；是一个封闭型海湾，有3条航道通往大西洋和北海，曾为英国皇家海军的重要基地。在第一次和第二次世界大战中，英国据此控制北海。从古代的维京人时代开始，斯卡帕湾就一直是军舰频繁进出的区域，这历史一直延续到英国皇家海军于1956年关闭此处的军港为止。

发生在斯卡帕湾的一个著名事件是，1919年第一次世界大战结束时，战败的德意志帝国海军在此海湾内集体自沉大批军舰的历史事件，1919

年 6 月，将德国海军主力舰队包括战列舰、战斗巡洋舰、巡洋舰和驱逐舰共 51 艘，总吨位 40 万吨自沉于斯卡帕湾，被称为"彩虹行动"。而另一个知名事件则是诡异的斯卡帕湾的幽灵。

1939 年 10 月 13 日午夜，英德开战已有 6 个星期了。一艘由德军上尉盖瑟·应恩指挥的德国 U 型潜水艇悄悄地沿着英吉利海峡曲折的海岸线，顺着斯卡帕湾的潮水前进。皮恩此行的目标是英国海军的"皇家橡树号"战舰。由于斯卡帕湾被认为是潜艇根本无法到达的地方，因此英国海军对其战舰的安全并不太在意。在"皇家橡树号"上，1146 名船员有一大半都在香甜的睡梦中，根本没想到德军的 U 型潜艇已经在悄悄地逼近。

突然，斯卡帕湾宁静的夜空被三声巨大的爆炸声打破。皮恩上尉发射了 3 枚鱼雷，并全部命中"皇家橡树号"。该舰受到了致命的打击，仅仅 15 分钟后就带着它的 832 名船员以及船长——海军少将布拉格若一起沉没了。

在伦敦，海军对"皇家橡树号"在自己的基地被击沉感到非常丢脸，他们推断 U 型潜艇是在奥克尼岛德国间谍的引领下进入斯卡帕湾的。英国反谍报部门即军情 5 处随即受到了指责。军情 5 处向奥克尼岛派出了精兵强将，试图查出这个狡猾的德国间谍，但搜查没有任何结果。这使得岛内每一个人都相信在自己周围存在着非常危险的纳粹间谍。

1942 年的春天，一家美国流行杂志刊登了一篇文章，指出斯卡帕湾的间谍是德国海军前军官阿夫雷德·魏赫云中尉。根据这本杂志的报道，魏赫云于 1928 年加入德军情报部门后，就一直待在斯卡帕湾，因为德军认为，斯卡帕湾是对英战争中的战略要地。魏赫云化名为阿尔勃特·奥特并化装成一名瑞士钟表匠，在奥克尼岛上开了一家小商店。潜伏 12 年后，魏赫云终于等到了机会。他将斯卡帕湾的军事设施、令人难以预测的洋流以及航行障碍等的详细情况汇报给了 U 型潜艇长官邓尼茨。这篇爆炸性文章指出邓尼茨根据魏赫云发来的 A－1 情报，派皮恩指挥潜艇进入斯卡帕湾，袭击了"皇家橡树号"。魏赫云在斯卡帕湾的入口处登上了 U－47 潜艇，作为舰上的领航员引导潜艇进入了禁地，并且随着潜艇带着骄傲的成绩回到了德国。

一时间，"斯卡帕湾的幽灵"成了谍报学中的成功例子，甚至连纳粹的高级官员们也对魏赫云出色的谍报成绩留下了深刻印象。战后，军情 5 处的负责人科尔总参谋长写道："德国人得到过一名间谍提供的最新情报。"在"皇家橡树号"被击沉 6 年后，英国迎来了和平，然而围绕这一事件的争论却仍在继续，海军部坚持认为魏赫云是嫌疑人。

许多人来到奥克尼岛，对这一事件进行了调查，结果却并未找到一个被认为是魏赫云的人，那么是否真的存在过一个长期潜伏在奥克尼岛的纳粹间谍，做出了历史上最伟大的谍报成绩？还是只有斯卡帕湾的幽灵呢？至今这一切还是个未解之谜。

神秘辐射光事件

马提尼克岛位于加勒比海小安的列斯群岛的中部，面积仅 1091 平方千米，现属法国，被划为法国的海外省。

马提尼克岛风光

60 年代初，法国科学家格莱华博士到马提尼克岛进行科学考察。在比利山区，格莱华博士和他的助手涅连博士发现了一种性质不明的辐射光。生物（包括人类、动物、植物）受这种怪光的影响，体内会发生奇妙的变化，使生长速度大大加快。格莱华博士公布了他的发现，引起了全世界科学家们的极大兴趣。

据报道，由于这种辐射光的作用，格莱华博士（64 岁）和涅连博士（57 岁）虽然在那儿只待了 2 年，却分别长高了 5 厘米。这对于 2 个年过半百的老人来说，几乎是不可思议的。格莱华博士还指出，从 1948 年起，10 年左右的时间内，当地的成年居民都增高了 7 到 10 厘米，而动物、植物和昆虫的增长尤为迅速。岛上的蚂蚁、苍蝇、甲虫、蛇和蜥蜴等都比正常的增大了几倍，并且还有继续增长的趋势。尤其是岛上的老鼠，竟然长得有猫般大。科学家在辐射光最强的比利山区种植了树木，这些树木的增长速度更为惊人。

这种辐射光是一种什么性质的光？它的来源是什么？为什么会有这种神力？它为什么到 1948 年才出现？众说纷纭。一些火箭专家提出了这样的观点：在 1948 年，可能有一只飞碟（或者是别的天外来物）坠落在比利山区，使该岛生物迅猛生长，神秘辐射光就来自一个埋藏在地下的飞碟（或天外来物）的残骸。这情形与 1908 年的通古斯大爆炸颇为相似。不过，在飞碟之谜被揭开之前，这种观点很难被所有人所接受。有人则认为，那个岛上大概埋藏着一种强烈的放射性矿物，这样就造成了一系列的奇迹……

马提尼克岛上的神秘辐射光到底是怎么回事，仍有待科学家们研究解答。也许这个神秘辐射光之谜的揭晓，将为体坛培育大量高个子中锋哩！

贝加尔湖之谜

来自世界各国的科学家会同苏联的研究人员正展开雄心勃勃的探测计划，试图解开这个欧亚最大的湖泊之谜。

贝加尔湖

西伯利亚人眼中的贝加尔湖是一片神圣不可侵犯的"荣耀之海"，深达 1637 米，总面积 34000 平方千米。虽然只是世界第 7 大湖，却有地表最大的淡水容量，远超过美国 5 大湖的水量总和。这一大片水域中丰富的水生动植物也让生态学家眼睛为之一亮，目前已发现有 1550 种动物和 1085 种植物，其中至少有 1000 种以上为本地所独有。贝加尔湖的底层结构也很特殊，水中岩层构造雄厚，洼地厚达 7 千米，几乎是美国大峡谷的 7 倍高，也是目前全世界最大的洼地。

苏联本身对这个水中峡谷的生态体系兴趣十分浓厚，针对贝加尔湖的有关研究已有 1400 篇论文发表，但是仍有一大串疑点未能理清，负责推动贝加尔湖研究的西伯利亚科学院想到借助外力，共同探索这块未开发的研究领域。目前已有法国、比利时、荷兰、瑞士、中国、美国和英国共同参与这项计划，其中又以英国皇家学会最为积极。皇家学会总裁波特 1990 年 10 月特别赶到贝加尔湖，与西伯利亚科学院签定研究协定。英国研究人员发现，一般湖泊深到两三百米时即少有生物，贝加尔湖却是特例，深处含氧丰富，生物种类奇多，甚至降到 1600 米底部仍可见大量生物群。这可能是因为湖面强风吹袭，再加上每年大批沉入湖底的碎冰带来足够的溶氧，才使生物群蕴藏生机。

贝加尔湖内特有的底栖生物含量之丰也令人惊叹。漱洲湖泊像虾般的扁形虫总数只有 11 种，而贝加尔湖却高达 335 种之多。其中有一种扁形虫长达 40 厘米，是目前全世界最大的一种，还有能力猎食小鱼。到底这些底栖鱼类的营养源从何处来？美国国家地理学会正准备动员地质化学和微生物学家来解谜。目前已经发现贝加尔湖最大支流三角洲下有热流出气口，这可能足以解释跟海底火山口附近生物繁茂滋长的类似情况。

包括英国、美国在内的 7 国联合研究小组，对这湖底厚达 5 千米的沉积层兴趣浓烈，这块长达千万年的沉积层未受冰河的影响，7 国合组的钻探小组若有突破，可能靠着贝加尔湖这段特异的"深水历史"，解开一些地球演进的谜团。

楠木"香魂附体"事件

民间传说楠木树有"魂魄"。当它被活活砍倒时，那"香魂"就出来作祟，使树体立即开裂，——这就是所谓楠木"香魂附体"的"怪事"!

楠　木

这种珍贵的树木的确有这么个古怪的脾气——如果将一棵活生生的楠木立即砍倒，那么，在它倒地的一刹那间，本来好端端的大树，就会变成一株纵向开裂的碎木。如果你用伐倒的鲜楠去锯板，板子就会变成七断八裂碎块! 这样的怪事常常发生。因此，在楠木产区流传着这样一句民谚："伐楠若用外行人，斗大楠木成泡影。"那么，内行人为什么能完好无损地取得楠木呢? 那是因为他们掌握了楠木"香魂"的秘密。

正如许多外国朋友所说："楠木是中国的国宝。"它树干挺拔，树叶四季长青。每年春上，陈叶渐落，新叶相继，在华盖似的巨冠上，新陈相间，翠绿交替，绚丽多姿。

它以优良耐腐的树质著称于世。在北京西郊的十三陵的地下宫殿里，就有二人合抱粗的楠木栋柱。虽然历时七八百年，却顶住了地下的潮湿和有毒致腐气体如二氧化硫、二氧化碳的侵蚀，至今完好无损。如用手敲叩，还会发出清脆的"咚咚"响声。

如果把楠锯成板材，我们就可以看出：它的木质结构非常细腻，纹理稍有交错而不紊乱；木材质地光洁平滑，异常美观。板材干燥后，它的颜色往往是淡黄中略带浅绿，一经刨光，香气袭人。

楠木是特等建筑和上等家具的优良用材，用它制作的箱、桌、床、椅、茶几、立柜等家具，在国际市场上是名贵的"超级商品"。随着现代科学技术的发展，它更是身价百倍——不仅用作高级的木模，还用它制作精密仪器、仪器箱、仪器架等。如果用它来做胶合板面、木胎、漆器，那更是理想的材料。然而，这一切都取决于，必须取得干燥而完整的楠木材料。

那么，究竟如何取得完整而又干燥的楠木材呢? 楠木真有"香魂"在作祟吗?

我们知道：树木从根系吸收的水

分与养料，是由木质部的输导组织向上输送的。这种输送的本领十分惊人——一直从地下将水与养料送上数十丈高的叶面。这种能力可归纳为如下三种因素：第一，水分子与水分子之间有一个引力存在，它们手拉手似地形成一条条长长的"水链"；第二，树木的根部存在着根压，根压好像抽水机的"泵"一样，将这些水分子"泵"向上方的叶面；第三，叶面不断蒸腾水分，当水分子从气孔里"冒"出去的时候，还要"拉"着别的水分子一同"挤"出去。

这样一牵、一压、一拉，这条水分供应线就自下而上，川流不息地运转起来。

此外，还有一条运输线分布在楠木韧皮部；从叶面光合"机器"中加工出来的养分，通过这条运输线自上而下地运送到枝、干、根的各个部分。

由于大量的汁液在楠木体内运转，这些液汁分子间的你挤我压，对树木本身产生了一个很大的压强。比喻说一桶水吧，除了水桶底板上承受压力外，桶的壁上也同样受到一定的压力。当这桶水处于静立状态时，水桶壁上的那个箍将桶壁牢牢地紧箍着，箍着的力量正好与水对桶壁的压力处于平衡。于是桶壁就不会开裂。这个道理刚好与生长着的楠木相似，一旦楠木被砍倒，尤其在树倒地的一刹那，由于剧烈的振动，这种平衡就会被打破。于是，楠木的木质部和韧皮部的输导组织纵向裂开——所谓楠木"香魂附体"的奥妙就在这里。

因此，有经验的林业工人，在砍伐楠木之前，事先要在楠木基部剥掉一圈树皮，剥皮的宽度控制在1米左右，这样，就能使楠木在一年或半年内活活枯死，从而减少了树体内水分的含量。然后再来伐倒它，这就可以避免开裂的现象。

用这个"站着死"的办法伐倒楠木，就确保了楠木的木材质量。即使锯成板材或方料，它都始终如一，不会开裂与变形。

"鬼魂战争"谜题

有时在落日的黄昏，有时在浓雾消散之后，在混浊的天际，不少人都曾经见过鬼魂的战争：有时一个步兵团向他们走过来；有时一个炮兵团走过去；有时出现两军酣战厮杀的场面……这是人们的幻视，还是云层中的折射？这是一个至今尚未揭开的自然之谜。

这位躺在留守医院病床上的兰开夏的士兵，举止上没有任何异常情况，眼神里也没有半点迷糊的迹象。他是刚刚从法国维特里勒弗朗索瓦那儿收下的伤号，伤势并不严重。

"大姐，"他对给他包扎的护士说，"您有圣乔治画像或纪念章吗？"

"不，我是美以美会教徒。不过……"

他以一种非常平静的口气说，在盟军撤退的时候，他看见圣乔治骑着白马，在维特里勒弗朗索瓦指挥英国人。这次战役发生在1914年8月底，那时候正好是法军与英军第二团撤退的时候。自那以后，菲利斯·坎贝尔小姐亲眼看到大批英国、法国、比利时的伤兵拥至医院，其中还夹杂一些德国兵。但是这样的幻视的故事，她还是第一次听说。莫非是那个士兵胡言乱语？不，因为另一个伤病员证明他的话完全是真的。

"他就坐在地上"，菲利斯·坎贝尔小姐追忆说，"坐在他身边的是一个腿部受伤的德国兵。他激动地拉着我，急忙对我说：'大姐，真的，我们都看见。起先是幕布般的黄雾横在德国人面前。那时候德国人已经到了山顶……当幕雾消失后，我们看见了一个身材高大、一头金发的男子，穿着金质的盔甲，骑着一匹白马，手持长剑，张着嘴，仿佛在喊：'来吧，孩子们，你们即将看到我将如何来处理这批魔鬼。'这个伤兵又补充道，那时候德国骑兵停止了追击，恐惧地扭转缰绳跑了。"

这两个伤兵确信这是他们亲眼看见的，于是这位21岁的菲利斯·坎贝尔小姐立即向院长达某夫人报告了这件事。

这位夫人没有轻视这件事。她请6个由她管辖的红十字会的护士听取病人们的叙述。据亲眼看见他们的一位高级军官、一个神甫、几个比利时兵、法国兵和3个爱尔兰警卫兵说，他们都看见过这位古代的武士。

他们在战场上看到过他的各个侧面。在德国人败退时，他们都看到过那阵黄雾。对法国人来说，这不是圣乔治，而是圣女贞德，她前来拯救他们，她喊道："前进！"可是对另一些人来说，他便是大天使圣米赛尔，他在高呼："胜利了！"

这一则发表在英国报纸上的消息引起了人们的种种议论。奇怪的是菲利斯·坎贝尔小姐在战后认识了一个德国护士。1914年，这个护士正在波茨坦一家医院内工作，也听到过类似的叙述：那时他们团正要攻打英国人占领的山头，这时一个神奇的巨人跃马扬剑威胁他们，迫使他们折回。

就在这位传奇式的武士出现后的一两天，在法国同一地区的混浊不清的天际，人们看到了一个栩栩如生的现象。8月28日夜里，一个英国准将和他的战友看到天上出现一道亮光，接着又出现了一些装束奇特的、像要是展翅飞翔的人们。身上仿佛裹着下垂的帷幔一般。

在这件事的头一天夜里，也即在使英军死亡1600人的可怕的卡托战役之后，有一个军官和他的士兵向圣康坦走去，发现途中有一队鬼魂骑兵与他们间隔不远平行地护送着他们。

这位不知所措的军官立即派人前去探明此事。待他们走近时，整队护送士兵顿时不见了。

战争弄昏了这些士兵的头脑。但是应该指出的是，这类神奇的人物出现在空中在各时代的世界史上都有过记载。

塔西特曾经这样写过："人们看见天边有人喊马叫，刀光剑影……"老普力纳和铁特·利夫也记述过类似的怪事。当法国人还在佩潘勒布雷夫统治的时候，人们也看到过鬼魂之战。18 世纪在诺让勒罗特鲁也有过此事。

这样的事例多不胜举。这儿我们来说一件更怪的怪事。这件事在安贝尔·德比利普的《可怕的瞬息即逝的怪事及奇妙的幻视概述》一书中有过记载。这个幻视出现在 1577 年 6 月 28 日，汝拉山区的一个名叫圣阿姆的村子里。

"大约在太阳落山后一个半小时光景，村里的男女老少都看见了，……天边出现了一群人手持剑及匕首，像蜗牛一般迂回走向北方……"

过了片刻，一阵迷雾包围了这些罕见的兵士。当浓雾散去之后，"天边出现了三个武装的勇敢强壮的战士"。他们在酣战，但是没有受伤的样子。停息片刻之后，他们用手往肚子前一贴，表示敬意，于是另一阵浓雾把他们卷走了。

现在再来讲一讲有先兆的幻视。

这也是真有其事。这个幻视发生在真事的前十几天。情况是这样的：

1574 年 2 月 1 日到 2 日夜里。五个乌得勒支警卫兵看见头顶上发生着一场奇怪的战斗。那时两军正在交锋。一军从西北方向开来，另一军从东南方向冲来。一场厮杀开始了，但是突然在一次新的交锋下不见了。这个幻视也消失了，天空留下了一条长绵绵的血迹。

第二天这几个震惊的士兵向上级报告了这件事。乌得勒支地方司法官询问了他们，记下了他们发誓说完全属实的口述。虽然人们查阅了一些占卜书籍，但是谁也不明白这场鬼魂之战的真正含义。

但是在 2 月 23 日爆发了流血的莫克之战。由达阿维拉公爵指挥的西班牙军从东北方开来，被纳索的亨利与路易的大军击退。不久，前者又投入战斗，最后取胜。这一切完全与上述的幻视一样，只是偏南 100 多千米。

与此恰恰相反的是，在英国沃里克发生的埃奇·希尔之战的场面在天空中出现过多次。这次战役阵亡的战士都埋葬在这儿。1642 年 12 月 23 日半夜 12 点到 1 点之间，有些牧羊人、农民和旅行者目睹皇家军被议员党人击败时的情景。皇家军的战旗及对方的战旗都历历在目。这次战斗延续了 3 小时之久。

后来目睹者们一齐去找凯东地区

的审判官伍德先生。后者被说服了，决定在他的邻居牧羊人马夏尔陪同前去上述战斗地点。出于好奇心，当地的贵人们也跟着去看热闹了。

真是奇怪！第二天夜里，也即星期天的圣诞夜，两军又在天边出现了，展开了一场搏斗，还伴随着地狱般的响声。

这个夜间的怪事顷刻传到四乡。第二天晚上这儿人山人海，可是什么也没有出现。翌日还是如此。以后是每逢星期六、日就出现酣战的场面，此后又是一片荒凉、寂静的苍穹。

紧接着的那个周末，两军又一次交战。当时在牛津的查理一世得知此消息时十分惊奇，大家都在猜疑。查理一世于是派刘易斯·柯克上校、达德利上尉、温曼上尉与他的3个随从长官前去该地调查。

这些代表不仅亲眼看见了这场格斗，而且还认出了一些将领。在他们中间有2个月前在埃奇·希尔战役中阵亡的爱德蒙·瓦内陛下。

国王的6个代表又回到牛津，叙述了他们所见到的一切。这件事就从此结束。后来在凯东的上空再也没有出现任何战斗的场面。

大约在150年之后，德文杂志《可憎的朋友》发表了一个惊人的报导：

"在1785年年初，在乌耶斯特（属于上西西里亚的奥佩伦县的格罗斯特里兹专区）附近，发生了一些使普鲁士和整个法国议论纷纷的怪事。

这一年的1月27日下午三四点钟，50多人在田里干活，突然发现一个步兵团排成三行向他们走来，前边两个是戴着红帽子的军官。走到某一点，他们停了下来。第一排士兵举枪向农民们射击，但是没有一点枪声，只有一股浓浓的黑烟从行列中升起。浓烟消失后，人们在步兵们的位置上看到了骑着马的轻骑兵，片刻后，他们也跟着不见了。2月3日早晨8点左右，四百个农民在老地方又看见了这些士兵。其中有一个"英俊的鬼魂"骑马向他们冲来，农民们往后退，看见他停步在穿着各色制服的兵士中间，可是他什么也没有看见。同月15日，这一场面又出现在30个人面前。听到这个消息的冯·萨斯将军立即派遣一个支队前去闹事地点。他们刚到那儿，鬼魂战士也出现了。这个支队的指挥官猛刺马向他们冲去，这时一个骑马的军官也立即离开鬼魂的行列，迎着支队指挥官走来。双方相互敬礼。但是当普鲁士指挥官询问对方是何人、有何贵干的时候，对方没有回答。当他正要举枪射击时，对方突然不见了。"

应该指出的是这些与"第三种人相遇"的怪事发生在光天化日之下。

1815年6月，在滑铁卢战役后不久，离这个著名的平原东侧100多千米的韦尔维埃的居民们曾看见天边有一个炮兵团列队走过，其中还有一辆炮车破烂不堪，甚至连车轮都快要掉出来了。

这一次是在 20 年之后，在英国的曼迪斯田野的上空，傍晚 5 点钟光景，一个团的士兵打这儿经过，骑兵们手持战刀，一会儿是 6 列行进，一会儿又列成 2 行出现在宁静的天边。

沃尔特·司各特在他的《魔鬼研究》一书中曾叙述过这样一件事："一大批士兵在空中行军，他们沿着河边互相碰撞，接着他们消失了，让位于另一队空中士兵。下午我接连去了 3 次，我发现有 2/3 人看到过这现象，而另外 1/3 的人什么也没有看见。那些看到过的人还能描述出这些士兵用枪搏斗场地的长度与宽度以及剑柄与帽子的飘带等东西的模样。"

1871 年 2 月初，一些持枪骑兵在搏斗，马蹄掀起了一场雪暴。这个场面延续了 2 个小时左右。有两个目睹者向骑兵走去，抄到他们的背后了，但是他们什么也没看见。接着他们又回到其他人身边，这样又重新看到这些战士。此事发生在德法战争期间，地点是波兹南的戈拉兹。可是它与任何人们所知道的战役都对不上号，不过神甫格里莱夫斯基以他的名誉起誓，这次幻视完全属实。

热罗姆·卡丹的叙述又使人们掉进了诗感般的境界。大约在 1550 年，他正在米兰。城里人在传说着一件怪事：有个天使在空中飞翔，大家都看见了。

这完全属实。这位穿着长裙在天际遨游的人物的形象十分清晰。有一位比较精心的目击者说，它就是圣戈达教堂钟楼上的石刻天使。这种云彩折射现象的确不多见。

过了一个世纪，在维兹莱，居民们也看到了一个奇迹：天上有个巨人挥舞着他的长剑。德斯卡尔长老说，这是教堂钟楼上的圣米赛尔塑像的翻版。

但是人们总不能作如此简单的解释。对于这些无法解释的现象显得无能为力的人最后只好去求救于教廷。在 18 世纪，教皇贝诺瓦十四面对着这么多的见证人也不禁兴奋起来。虽然他是更加相信奇迹，但是从自然科学与历史学的发展观点来看，他不能不担忧奇迹的可靠性。为此他规劝他们不要听从那些荒谬的解释。"不过，云层中常常会发生折射现象……"他是这样在他的主教札记里写道。

但是有时候云彩既不折射又不掩饰。又是一件怪事！一个兵团的人马在云彩后边蒸发了！这绝不是胡言！1915 年 8 月 21 日早晨，诺福克第五兵团在土耳其北部的西米塔山地不远处行军。这个兵团是属于英国远征兵团，负责夹攻达达尼尔海峡。此时，这个不到 800 人的兵团正要去和刚刚登陆的澳大利亚的一营人会师。

守卫在附近山头上的新西兰士兵们注视着英国人的举动。那天天气热得不能忍受。除了 60 高地上空，全是一片蓝色。新西兰士兵从一清早就发现有一片奇雾纹丝不动地悬在空中。此雾是那样浓密，以至于可以反射太阳光。它大约长 250 米，厚 50 米。这片浓雾上空约有 6 至 8 片大云彩，它们也是从一清早起就挂在天边。

一个名叫赖克哈德的新西兰士兵在附近的另一个山头上也目睹着这一自然景象。那天微风拂拂，可是云彩与浓雾寸步不移，更没有散开。这怎能叫人不奇怪呢？这时英国人列成 8 行走了过来。

"看他们是否敢走进去？"工兵赖克哈德对战友说。

"为什么不敢？这又不是使人窒息的气体。"

这时 22 个新西兰士兵在观察所里密切地注视着诺克福第五兵团的举动。这时英国人毫不迟疑地钻进了浓雾，之后不见了。按理说他们在几分钟后便能走出迷雾层，可是过了 10 分钟，仍不见他们的踪影。表针不断地在向前走着，可是他们……

此刻我们可以想象那些窥视英国人的新西兰士兵们的神情。他们简直不相信自己的眼睛了。当然英国人在迷雾里休息片刻，躲开别人也未尝不可能，但是他们不能一直待在那儿啊！第五兵团到哪儿去了？

突然发生了一件难以解释的事：这片浓雾慢慢地向天上升去，它的轮廓十分清晰。60 高地上空也顿时清澈起来。什么人也没有！什么东西也没有！四周是一片荒凉。800 个英国人全部蒸发了，好像他们从来就没有存在过一样！地上是光秃秃的，连件个武器的影子也不见。

这时浓雾钻进了 60 高地上空的云堆里，向北方飘去。

后来再没有人见到过诺福克第五兵团。这 800 个于 1915 年 8 月攀登土耳其高地的英国人竟然没有一个幸存者！土耳其投降之后，英国调查了很久，毫无结果，连土耳其军方档案中也从未有过 1915 年 8 月 21 日关于任何英国俘虏的记载。

圣泉传说

法国比利牛斯山脉中有一个小集镇，叫做劳狄斯。集镇附近遍布岩洞，其中一个岩洞后有一道泉水，飞珠溅玉，终年不息，这就是闻名全球的神秘的"圣泉"。

比利牛斯山

圣泉是怎样为世人所知的呢？这

里还有一段民间传说。1850年，有个名叫玛莉·伯纳·索毕拉斯的女孩进入劳狄斯一个岩洞里玩耍，忽然圣母玛利亚在她面前显圣，告诉她洞后有一眼清泉，并指引她前往洗一下手和脸。最后，圣母叫她转告牧师们在那里盖一座教堂，言罢倏然不见。就这样，泉水被涂上了一层神秘的宗教色彩。而那个女孩呢？据说在她以75岁的高龄去世时即以圣伯纳娣的名字跻身于圣徒之列了。

这一传说自然是无稽之谈，然而100多年来，前来圣泉求医祈福的人却络绎不绝。据统计，每年约有430万人去劳狄斯，其中不少人是身患沉疴，甚至是病入膏肓已被现代医学宣判"死刑"的病人。他们不远千里来到这儿，仅在圣泉的水池内洗个澡（实际上只是在水中浸泡一下），便能减轻病情，有的竟是不治而愈！

有个意大利青年，名叫维托利奥·密查利，21岁应征入伍不久，发现左腿持续疼痛，于是进凡罗纳医院治疗。活组织检查诊断为一种罕见的癌症，癌细胞已破坏左髋骨部位的骨头和肌肉。该医院便将他转到特兰德军队医院，军医院也无能为力，又将他转至博哥肿瘤中心医院。肿瘤医院对他作了进一步检查，不得不宣告他已无药可救，而且预言他至多只能再活一年。这样就又被送回到特兰德军医院。

在那里，他住了9个半月的院，左半侧从腰部至脚趾打上石膏。X光透视发现其髋骨部继续在恶化，左腿仅由一些软组织束同骨盆相连，看不到一点骨头成分。

1963年5月26日，他在其母亲的陪伴下，经过16小时的艰难旅程到达劳狄斯。第二天便去圣泉沐浴。

圣泉的接待人员很多，他们大都是圣泉使之恢复健康的人们。病愈后自愿一年一度来此充当义务护理员。密查利由几名这样的护理员脱去衣服，光着身子被浸入冰冷的泉水中，但打着石膏的部位却未浸着，只是用泉水进行冲淋。奇迹出现了。从这以后，密查利开始有了饥饿感，而且胃口之好是数月来所未有的。从圣泉归家后仅数星期，他突然产生了从病榻上起身行走的强烈欲望，而且果真拖着那条打着石膏的左腿从屋子的一头走到另一头！此后几个星期内，他继续在屋子里来回走动，体重也增加了。到了年底，疼痛感竟全部消失。

1964年2月18日，医生们为他除去左腿上的石膏，并再次进行X光透视。当放射科医生将片子送来后，医生们还以片子拿错了，因为片子上清楚显示出那已完全损坏的骨盆组织和骨头竟然出人意外地再生！4月，密查利已能行动自如，参加半日制工作，不久便在一家羊毛加工厂就业。这一病例，现代医学尚无法解释。1971年6月，法国《矫形术外科杂志》对此作了报道。而今，密查利已结婚，并当上了一名建筑工人。

像这样的病例并非个别。据报道，在124年中，为医学界所承认的这样的医疗奇迹就达64例。这64例均经过设在劳狄斯的国际医学委员会严格审定。该机构由来自世界10个国家的30名医学专家组成，各个专家均是某个专科的权威。

科学家们当然不会相信"圣母降恩赐福"这一荒诞之说，法国著名生物学家、诺贝尔奖金获得者艾列克赛·卡罗尔博士认为，这是心理过程和器官过程间的联结，使一些原属不治之症得以痊愈，因为去劳狄斯的病人大都是虔诚的宗教徒。有的医学家则认为，很可能有些病症并非是不治之症，纯粹是误诊罢了，故而在圣泉沐浴后便不治而愈了。不过这一怀疑似乎论据不足，因为病人的先前病史和诊断均曾经过严格的核实，涉及数百名医生、医学研究人员，往往历时数年之久呢。

那么，圣泉这种"起死回生"的奥秘究竟何在呢？随着现代医学的不断发展，我们相信，人们一定能剥去圣泉的扑朔迷离的宗教外衣，揭示它的本质。然而它的怪异已经作为奇事流传至今。

死亡之雾事件

1986年8月21日下午9点半钟，非洲西部的喀麦隆，在静止的莱俄斯湖水下屏息了约1000年之久的死亡气体突然喷入大气，这种有毒的气体在湖上连连发生爆响，毒气借助于风散播到周围的村庄。

毒气弥漫着约3英里范围内的许多村庄，人们拼命地奔跑，试图从毒气中解脱出来。难以忍受的酷热使得许多人脱掉了自己的衣服，还有一些人在静静的睡眠中或在餐桌上窒息而死。

惨不忍睹的打击发生后的6天里，数百名烧伤的幸存者在等待着援救，1700多人死于这场灾难。一个有1300多人的村子里，仅有4人幸存下来。

这是一宗罕见的地质事件，但是与湖有关的神秘的窒息症（由于缺乏氧气而引起的死亡）过去曾有过报道。

与莱俄斯湖同一个大山脉，而距离该湖60英里的莫莱恩湖，也发生过一次类似的奇怪事件。在对莱俄斯湖事件进行了研究之后，一组美国科学家认为，这场灾难可能是由于滑坡或者地球的轻微震动而引起的。他们还认为，释放出来的主要气体可能是二氧化碳，二氧化碳本身是无毒的，它使人窒息而死的原因是由于它降低了空气中氧的含量。

喀麦隆的湖泊看起来与世界上其他熄灭火山顶陷穴里形成的湖并无两样。火山口形成的湖通常很深，大约300英尺以上，由于年长日久，湖底逐渐聚集了厚厚的沉积物，使有机物质逐渐腐烂。

"当水藻和微生物体死了以后"，纽约州立大学的地质学家托马斯·多诺尼解释道，"他们的残余物最终掉到了湖底或者海洋底部，并且在那里开始腐烂，在腐烂分解的过程中，他们消耗水中的氧气，产生了二氧化碳气体。"

在二氧化碳气体逐渐生成的过程中，它暂时地溶解在水中，或者寄居在岩石空隙里，受限于水的压力之下，这与一瓶苏打水中的气体很相像。当压力减少时（可能是因为热迫使气体上升），气体就立即释放出来。

二氧化碳与泉水、苏打汽水、香槟酒和其他碳化液体里起泡的气体是同一物质。由于二氧化碳比空气重，因而它紧紧地依附在地面上，慢慢地扩散开来。这就是为什么只对莱俄斯湖周围的山谷里的人造成危害的解释。

1984年莫莱恩毒气事件发生后，科学家们从湖底取出了含有二氧化碳的水样，所受压力很大，以致呈现浑浊状，类似于苏打汽水那样起泡。虽然二氧化碳可能是莱俄斯湖事件的主要原因，但同时别的气体也造成了危害。

但科学家们认为，可能在莱俄斯湖灾难中含有另一种更加危险得多的气体：硫化氢。

所有的火山岩浆里都含有二氧化碳和硫化氢。这种气体闻起来像臭鸡蛋味。平常，从岩石断层中、裂缝中和地球的温泉中溢出的化合物是无害的，但是，随着岩浆上升到地球的表面，溶解在岩浆中的气体形成了气泡向上喷发。科学家们认为，在莱俄斯湖底的淤泥中含有硫化氢以及二氧化碳气体。

但是，究竟是什么力量使这些气体从湖底突然喷发呢？

按照多诺尼的解释，火山的热量可能已使得湖底的水温逐渐上升，引起了湖水的突然激荡。他认为，湖水在数百年的时间里保持平静是因为有密度层的缘故。

"在一些湖中，因为温度较高的水比温度较低的水密度小，因而形成了层次"，他解释道，"在世界的温度范围内，寒冷的天气和风暴帮助湖水和池水每天至少激荡一次，对水的各温度层起到搅拌作用，使水温趋于一致，并频繁地释放出集聚在湖底的气体。

但是深湖由于其特殊的形状，使湖水保持平静或者激荡进行得不彻底。莱俄斯湖位于赤道附近，其表面温度在一年四季里变化很小，湖底的气体不能释放出来，年复一年，越来越多的气体就驻留在湖底的沉积物中，湖水受到的压力越来越大，直至其极限，只要受到某些激荡震动，就引发了气体的喷发。

火山放出的二氧化碳在历史上曾

多次对人和动物造成危害。公元62年，罗马哲学家西尼卡记述了维苏维尤斯火山上羊群的神秘死亡事件。

二氧化碳云雾有时使得成群的羊窒息而死，但奇怪的是却不伤害牧羊人，这是什么缘故呢？可能是由于比重不同。比重较大的毒雾局限在地面上数英尺的地方，牧羊人的头部相对位置较高，足以保持在使人窒息的气体之上。在冰岛，农场工人被告诫不要让羊过多地在山谷里停留，因为当有二氧化碳和其他气体喷发时，地势低矮的山谷里将充满气体。

现在科学家们正在着手计算火山湖中的二氧化碳的含量和找出监测的方法来，以防止再次发出类似的灾难。另一个解决办法是告诫人们远离那葱翠碧绿的火山口。